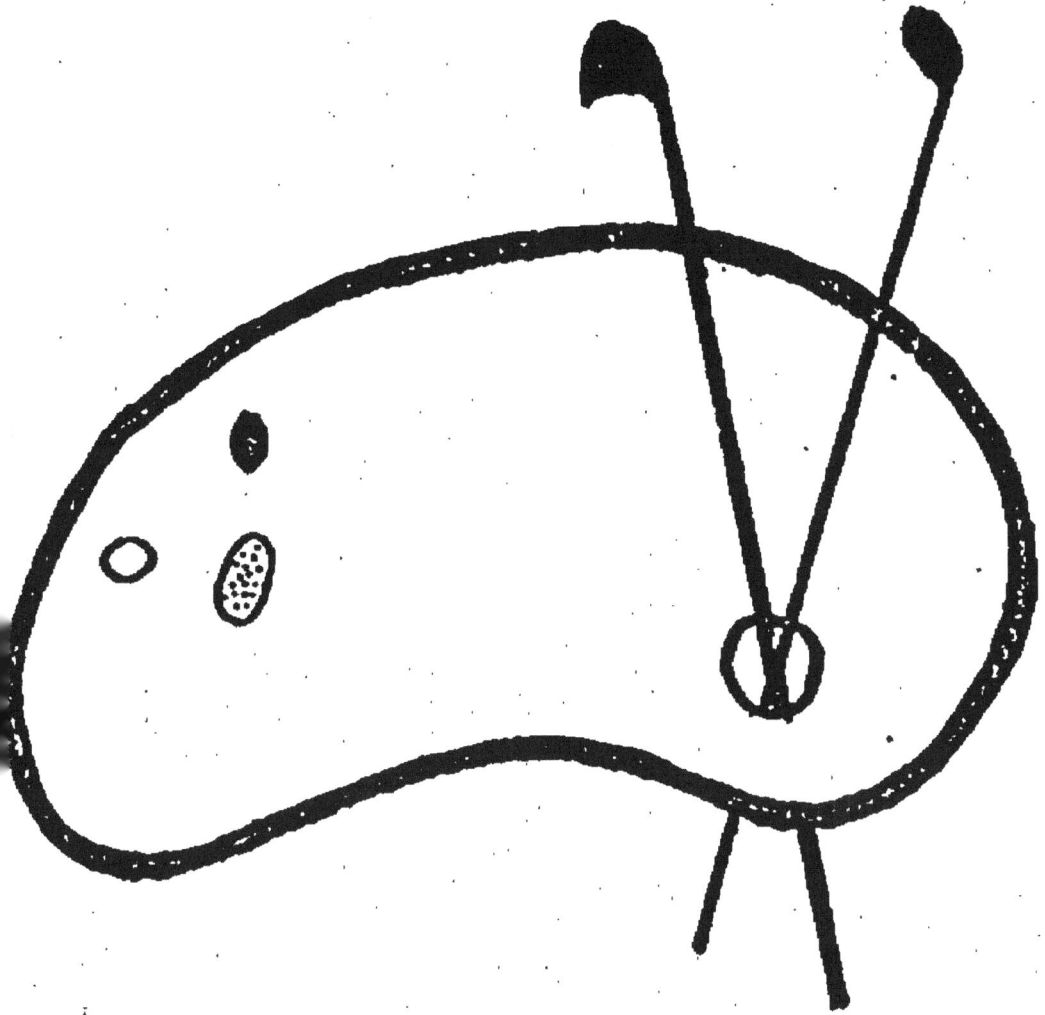

DEBUT D'UNE SERIE DE DOCUMENTS
EN COULEUR

ARCHIVES HISTORIQUES DE L'ALBIGEOIS

PUBLICATION PÉRIODIQUE DE LA SOCIÉTÉ DES SCIENCES, ARTS ET BELLES-LETTRES DU TARN

FASCICULE PREMIER

CARTULAIRE

DES

TEMPLIERS DE VAOUR

(TARN)

PUBLIÉ PAR

CH. PORTAL & EDM. CABIÉ

PARIS		TOULOUSE
A. PICARD & FILS		ÉDOUARD PRIVAT
82, RUE BONAPARTE		45, RUE DES TOURNEURS

ALBI
IMPRIMERIE G.-M. NOUGUIÈS

MDCCCXCIV

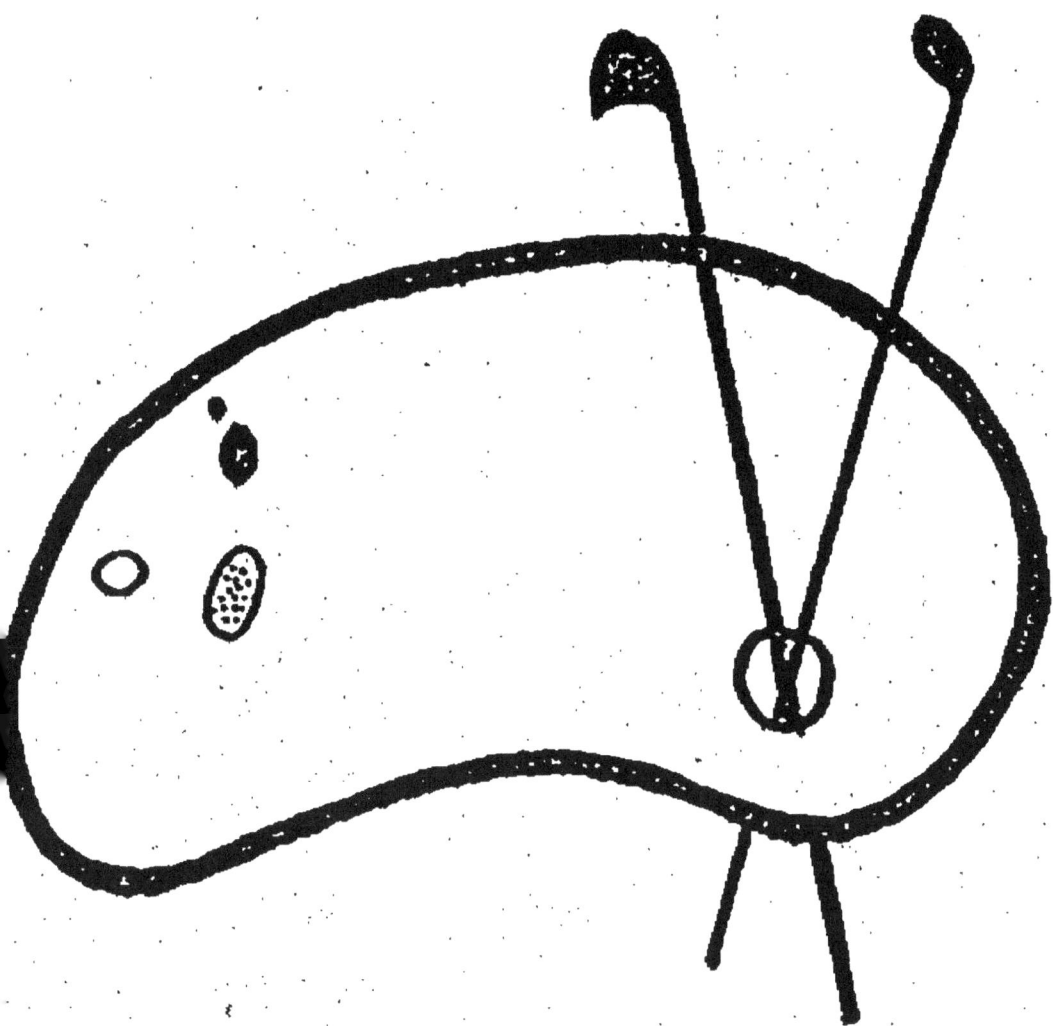

FIN D'UNE SERIE DE DOCUMENTS
EN COULEUR

CARTULAIRE

DES

TEMPLIERS DE VAOUR

(TARN)

ARCHIVES HISTORIQUES DE L'ALBIGEOIS

PUBLICATION PÉRIODIQUE DE LA SOCIÉTÉ DES SCIENCES, ARTS ET BELLES-LETTRES DU TARN

FASCICULE PREMIER

CARTULAIRE

DES

TEMPLIERS DE VAOUR

(TARN)

PUBLIÉ PAR

Ch. PORTAL & Edm. CABIÉ

PARIS		TOULOUSE
A. PICARD & FILS		ÉDOUARD PRIVAT
82, RUE BONAPARTE		45, RUE DES TOURNEURS

ALBI
IMPRIMERIE G.-M. NOUGUIÈS

MDCCCXCIV

INTRODUCTION

Le Cartulaire des Templiers de Vaour (1) est un rouleau de parchemin long de 5 mètres 60 et large d'environ 22 centimètres. Il se compose actuellement de 12 feuilles rattachées les unes aux autres par une lanière de parchemin engagée dans des fentes parallèles, comme le montre notre fac-simile ; la dernière peau seule est cousue avec un fil blanc dont les points sont disposés en dents de scie. Le mauvais état de la première, l'étude des pièces contenues dans celle-là et les suivantes permettent de croire que primitivement le cartulaire devait être un peu plus volumineux ; mais il n'est pas possible de déterminer l'étendue de la partie détruite.

La pièce CXV, la dernière du recueil, nous apprend que le commandeur de Vaour, Pierre del Castel, fit faire ce cartulaire par son neveu Guibert, chanoine de Saint-Antonin, en l'an 1202. Le chiffre de l'indiction indiquée se rapportant à la durée comprise entre le 24 septembre 1201 et le 23 septembre 1202, d'autre part, l'année commençant au 25 mars, ainsi que nous l'établissons plus loin, la date de cette transcription se trouve comprise entre le 25 mars et le 23 septembre 1202.

On lit dans la même note finale que Pierre del Castel déposa aux archives du Temple, à Monzon (Aragon), ce précieux document afin d'assurer sa bonne conservation. Plus tard il passa aux mains des Hospitaliers de Toulouse qui ont écrit, au XVIe s., au dos de la dernière feuille, « A Vahour aperten, que es estat trobat à la tor [del Temple] de Tholosa. Deo gracias. Command' de la Bartha » (2), et au siècle suivant : « 1177. Vahours. Rouleau

___

(1) Vaour, chef-lieu de canton de l'arrondissement de Gaillac.

(2) La Barthe, membre de la commanderie de Cornebarieu, puis (XVIIe s.) de Garidech. (Du Bourg. *Histoire du grand-prieuré de Toulouse*. Toulouse, 1883, in-8o).

dans lequel sont escriptes toutes les donations et autres acquisitions de la commanderie dudit Vahours, escrit de lettre antienne et en latin, cotté n° 1. » Déjà, à partir du xve siècle, le dos du rouleau avait reçu quelques inscriptions relatives à la situation des localités disparues ou dont les noms avaient subi des transformations notables ; ce sont là parfois des indications utiles ; nous les reproduisons dans des renvois au bas des pages. Enfin des archives des Hospitaliers, notre cartulaire est passé, à la Révolution, dans celles du département de la Haute-Garonne.

Au xvie siècle, on a encore numéroté les documents transcrits, mais en négligeant les 4 premiers qui n'étaient qu'en partie lisibles — nous les désignons par les lettres *a,b,c,d*, — et en omettant dans ce dénombrement 7 autres pièces auxquelles nous assignons le rang qui leur appartient en ajoutant les mots *bis* et *ter*. On a ainsi, non plus 102 pièces, mais 115. Il est bon de remarquer que les chiffres anciens sont placés à la suite et non en tête des actes, comme l'avait pensé M. Rossignol (1), par suite il faut augmenter d'une unité les numéros de référence donnés par cet auteur. Dans notre édition, nous avons adopté l'ordre chronologique et classé à nouveau les pièces du cartulaire ; un tableau de concordance (p. 113) sert à les retrouver dans le manuscrit.

Leurs dates extrêmes sont 1143 et 1202 ; mais les trois quarts environ de ces actes appartiennent aux années 1175 à 1187. Trois scribes ont concouru à leur transcription : le premier a écrit jusqu'à la pièce 25 ; il n'emploie pas d'accents, mais place des points un peu au hasard entre les mots. L'œuvre du second comprend les pièces 26 à 87 ; dans cette partie, les *a, i,* et *o* sont souvent accentués ; il en est parfois de même pour certaines consonnes comme le *z* ou l'*r* redoublé ; le point et virgule renversé se rencontre assez fréquemment, le *j* presque jamais. Le troisième

---

(1) Elie Rossignol. *Monographies communales du département du Tarn.* T. III (Toulouse, 1865), p. 198 et ss. M. Rossignol a le premier utilisé le cartulaire de Vaour et en a extrait à peu près tout ce qu'il contient d'intéressant pour l'histoire locale.

collaborateur fait au contraire un usage constant de cette lettre,
dont il se sert au lieu de l'*i* et ponctue avec notre point et vir-
gule. Dans les remarques que nous ferons sur la langue dans
laquelle le cartulaire est rédigé nous signalerons quelques autres
particularités graphiques spéciales à chacun de ces copistes.

L'écriture du premier est sensiblement plus grosse que celle
des deux autres (Voy. le fac-simile); celle-la et les autres sont
tracées un peu au-dessus d'un réglage à la pointe sèche. La
régularité de la forme, l'absence de liaisons entre les lettres, la
variété des modes d'abréviation, l'arbitraire dans la ponctuation,
dans la séparation des mots, dans l'emploi des majuscules sont
autant de caractères communs à la plupart des documents diplo-
matiques de la fin du xiie et du début du xiiie siècle. Les corrections
à faire sont marquées soit par une ligne horizontale tracée au-
dessus des lettres ou mots fautifs, soit par une suite de points
supérieurs et inférieurs ou simplement inférieurs. Les omissions
occupent l'interligne, à moins que le scribe ne renvoie à la fin de
l'acte.

Nous avons rétabli, dans notre édition, non seulement les
majuscules et la ponctuation, mais aussi le *v* et l'*y* qui, dans le
texte, sont représentés par l'*u* et l'*i* ayant la valeur de consonnes.
Pour séparer des mots reliés entre eux par un doublement de
consonnes, le système admis par la généralité des éditeurs con-
temporains nous a paru le meilleur et nous écrivons *e lla, a ffar*.
Quant aux abréviations, notre règle a été de conserver l'orthogra-
phe du texte toutes les fois que l'interprétation de la partie sous
entendue pouvait prêter à controverse. Si nous imprimons *Ram.*
(Ramons), *Sign.* (Signum), au lieu de *R.* ou *S.*, *Saint*, au lieu de
toute autre forme analogue, c'est que de nombreux exemples le
commandent; mais nous donnons simplement *melg., melgoi.,
sol., d.,* etc.

Cette scrupuleuse attention n'aura sans doute pas suffi à rendre
notre travail irréprochable et la critique relèvera dans cette œuvre,
comme dans toutes autres, des défaillances et des erreurs. Néan-
moins notre édition vaudra peut-être mieux que la plupart de

celles qui ont été faites aux siècles derniers. Or le Cartulaire de Vaour devait être publié (1). Il est, pour le département du Tarn, le plus ancien cartulaire original et le seul antérieur à la croisade des Albigeois. On ne connaît d'ailleurs qu'un assez petit nombre de documents remontant au-delà de 1200 qui intéressent spécialement cette région et celui-ci fournit des renseignements précis et abondants pour l'histoire du droit privé, la généalogie de quelques familles de chevaliers, la topographie locale, l'histoire générale du Temple, celle de la commanderie de Vaour, enfin et surtout la langue parlée sur les confins de l'Albigeois et du Quercy dans le dernier tiers au moins du xiie siècle, dialecte qui n'a jamais fait l'objet d'une étude spéciale.

On peut dire que, à ce dernier point de vue, notre cartulaire permettrait de faire tout un cours de philologie romane. Ce n'est pas là notre but ; nous nous contenterons de signaler quelques équivalences graphiques :

Le premier scribe le second scribe et le troisième scribe adoptent les formes suivantes :

	Le premier scribe	le second scribe	et le troisième scribe
a	Armengaius (3), Ermengau (2)		
		parrochia (63)	perochia (77)
		adordenement et adondenament (62)	
arius			diners, sesters (94)
e	meilz (19), mels (21) et miels (25)		
		aquig (66)	
			guirpit, gurpit (76,77) guerpi (90)
i			servezis (89), servizis (90)
o	toch (2)	tuit (66)	tug (88)
	pug (2), poig (27)	Poig Marcel (63)	pug (86), Puigsegoz (89), Poigcelsi (94)

<hr/>

(1) Il nous a même paru bon de joindre au cartulaire quelques actes intéressant la commanderie de Vaour, qui ont été transcrits dans la collection Doat.

soa (89)
Pasgal, Pascal (76,77)

ct sobrescrich (2), so- sobredig (47) sobreditz (77)
brescriutz (9)

malafaita (45), mala-
facha (62)

dreig (8), dreit (12), dreit (50) . dreig (76), dreg (77)
dreg (13)

faig (10), fag (26) faig (57)

g pengns (17) peingz (62)
enguan (18), engan
(27)
maiestre (21), maes-
tre (23)

jutge (67) jutgues (90)
gleiastgue (63) usatgues (89), usat-
ges (96)
veger (89)
linnatgue (99)
Rigual, Rotguer (101)

l moller, moiller (14) moiller (36)
n Sans (10), Sauz (13) Sauz (passim) Pouz (75)
reteguda (23)
poirau (27), auzirau conoisseuza (66) sobrevaleuza (78)
(28), serau (29) teneuzas, coveneuzas
(70)

q paroquia, parrochia perochia (77)
r tengro (12) (63) rre (101)
s gleia (17) guia (82)
las pleichas (18), la
spleita (22)

Murcent, Mursent
(76,77)

ss auzada, aucesso (58)
t lauzee (12), lauzet reconoc (38), reconog
(13) (39)
guireng (31)
x pleichas (18), splei- splecha, spleita (62)
ta (22)
paicheira (3), paisci- paisseira (58)
ra(16), paisseira (20)

On pourrait multiplier ces citations ; mais nous n'avons voulu donner que celles qui par le nombre des variantes ou par la singularité de la forme semblent s'écarter plus ou moins des règles ordinaires de la phonétique romane. D'ailleurs la simple lecture du texte en apprendra beaucoup plus long que toutes les remarques possibles aux spécialistes en cette science. Ils trouveront à la table la reproduction exacte des désinences qu'affectent les noms propres.

Les actes de notre Cartulaire débutent assez rarement par une invocation, comme *In nomine domini nostri Jhesu Xristi* ou telle autre expression équivalente (I, XLVI, CI, CXI). Le dispositif suit alors immédiatement l'invocation : *Ego* (ou *Eu*)... *doni...*

Le plus souvent on se contente de la notification ordinaire *Notum sit...* ou *Conoguda causa sia...*; ce n'est que par exception que cet élément de la charte affecte une forme plus compliquée *Omnibus hanc scripturam legentibus vel audientibus notum sit* (ou *notificamus*) (V, VII). Parfois l'invocation et la notification sont contenues dans une même phrase initiale *In dei nomine notificetur cunctis....* (CIX), parfois elles sont toutes deux absentes *Eu P. R... doni* (LXXV). Dans cette dernière catégorie rentrent quelques pièces pour lesquelles le rédacteur a adopté le style des notices : *B. et uxor sua donero* (II), *Breve memoriale del do que...* (III), ou encore *Verum est quod...* (IV) et *Sequentre la mort de F. S., Doat Dahas... acaptet...* (CII).

Lorsque l'exposé des motifs (motifs pieux généralement) est exprimé, on le trouve inséré dans le dispositif... *doni mo cors et et m'arma,... domui Templi... per amor de Deu e per salut de m'arma.* Ce cas n'est pas fréquent, nos chartes étant le plus souvent réduites aux parties essentielles. Nous verrons, en étudiant leur objet, quelles sont les clauses des contrats, qui sont le plus fréquemment stipulées.

D'ordinaire la date de temps ou de temps et de lieu suit les noms des témoins. Fort rarement le scribe a négligé de l'indiquer. Les éléments de la date de temps se trouvent isolés ou groupés d'une façon très variable ; ce sont : l'année de l'Incarnation, l'indiction, la lune (I, VIII), l'épacte (XIII), le mois, la férie, les noms du pape, du roi de France.

L'année commence au 25 mars, comme le prouve l'examen des chiffres des indictions et de celui de l'épacte (XIII). Quelques notes ajoutées au bas des pages font ressortir l'exactitude de notre affirmation. L'indiction est celle qu'on appelle *impériale* ou *césarienne*; son point de départ est le 24 septembre précédant l'année telle que nous la comptons aujourd'hui: ainsi l'indiction 3 est celle de la période qui dure depuis le 24 septembre 1184 jusqu'au 23 septembre 1185. On ne remarquera qu'une dérogation à ce système, encore ne doit on peut être voir là qu'une de ces erreurs si fréquentes dans le comput du moyen-âge: l'indiction 8 accompagne la date d'octobre 1175 (XIX) alors que la 9e indiction *impériale* courait depuis le 24 septembre.

La date de la lune, le chiffre de l'épacte sont des mentions exceptionnelles; le mois et la férie sont assez souvent indiqués, les noms du pape et du roi de France reviennent presque constamment.

Il n'en est pas de même pour le lieu où l'acte a été conclu; mais, lorsque cet élément chronologique ne fait pas défaut, il est souvent d'une précision parfaite: on va jusqu'à indiquer l'endroit de la localité où le fait s'est passé: *in domo de la cavallaria*, (LXXXVII), *en la roda* (LXII), *en la gleia* (LXIV), *dins la capella* (CIII), *denant la maio de lor* (LV), etc.

Il arrive quelquefois que toute date est absente.

Dans une seule pièce (CIX) il est parlé d'un signe de validation et il ne s'agit que d'un signet de notaire qui *signum hoc prefixit*. Mais très souvent le scribe donne son nom, ce qui est aussi une garantie d'authenticité ou tout au moins un moyen pour permettre de l'établir; on inscrit même le nom de celui qui élabore l'acte à côté du nom de celui qui l'a écrit: *P. dictavit ac J. scripsit* (XCII).

II

Les plus anciens actes du Cartulaire ne concernent pas l'ordre du Temple, comme l'a écrit par inadvertance M. Rossignol, mais l'abbaye de Septfonds (1) dont le prieuré des Albis (2) dépendait. C'est dans la pièce IX que les Templiers sont mentionnés pour la première fois, à la date du mois d'octobre 1173, époque à laquelle les Albis leur appartenaient, puisque l'on donnait à Dieu, à la Vierge (ou à Sainte-Marie-Madeleine des Albis) et au Temple. Nous disons *ou à la Madeleine* (des Albis) parce que, auparavant, les concessions étaient faites, selon la formule consacrée, à Dieu, à Sainte-Marie (Madeleine), patronne des Albis, et au prieur de ce lieu. Par suite on aurait quelque raison pour croire que le rôle tutélaire de la Madeleine s'est étendu à mesure que les nouveaux maîtres des Albis augmentaient leurs domaines. Il serait sans doute téméraire de rien affirmer sur ce point, vu que, dans le Midi, tout au moins, les bienfaiteurs du Temple donnent assez fréquemment à Dieu et à la Vierge. Toutefois, si notre hypothèse était exacte, il en résulterait que le prieuré des Albis acquis à une époque indéterminée mais nécessairement antérieure à 1173, par conséquent dans les premiers temps de l'établissement des Templiers dans cette région, resta comme le chef-lieu spirituel de cette commanderie dont Vaour était le centre administratif. On ne peut pas davantage donner avec la précision désirable la date à laquelle les Templiers se sont fixés dans ce pays. Toutefois on doit admettre qu'en 1140

(1) Les religieux de Septfonds (Tarn-et-Garonne, canton de Caussade, arr. de Montauban) étaient établis, en 1163, à Saint-Marcel, près Réalville (même canton). Cf. Fr. Moulenq. *Documents historiques sur le Tarn-et-Garonne.* T. I (Montauban, 1879, in-8°) p. 338 et ss.

(2) La chapelle de la Madeleine (des Albis) dans la commune de Penne existe encore. Elle faisait autrefois partie de l'archiprêtré de Montpezat au diocèse de Cahors (A. Longnon. *Pouillé du dioc. de Cahors* dans les *Mélanges historiques,* T. II, de la *Collection des documents inédits.*) — Un état des édifices non aliénés, dressé en l'an X, nous apprend qu'à cette époque l'édifice était en mauvais état, qu'une centaine de personnes pouvaient s'y réunir et que la Madeleine était jadis une annexe de Saint-Vergondin. (Archives du Tarn, O² Penne).

au plus tard ils y possédaient quelques biens : en 1181 (n. s.) ils invoquaient, en effet, une prescription de 40 à 60 ans (p. 37). On peut croire aussi, avec M. Rossignol, que le village de Vaour s'est construit en vue de leur château, l'existence de celui-ci ayant été la cause déterminante de la fondation de celui-là. Le même auteur a décrit minutieusement les bâtiments habités par les Templiers, indiqué avec soin l'origine et la situation des dépendances de la commanderie. Refaire cet excellent travail serait superflu ; nous nous contenterons d'en résumer ici les parties qui pourraient guider dans leurs recherches les érudits qui auraient à consulter notre Cartulaire.

Les bienfaiteurs ou *auteurs* du Temple de Vaour ont été les chevaliers de Penne, les chevaliers et prudhommes (la communauté par conséquent) de Montaigut, le comte de Saint-Gilles, les vicomtes de Saint-Antonin et divers autres laïcs de race non noble ; parmi les clercs, les religieux de Septfons (Quercy), de Chancelade (Périgord) et d'Aurillac, les chanoines de Saint-Antonin, l'église de Saint-Paul de Mamiac.

Les biens ou droits ainsi acquis, soit à titre gratuit, soit à titre onéreux étaient situés principalement dans les cantons actuels de Vaour, Montmiral, Lisle et Gaillac, dans le Tarn, de Saint-Antonin, Caylux et Negrepelisse, dans le Tarn-et-Garonne.

L'un des membres de la commanderie de Vaour, Montricoux, ne tarda pas, dès le XIIIe siècle, à prendre une importance relativement considérable (1). La commanderie de La Capelle-Livron a eu peut-être une semblable origine : en 1248, le même commandeur administrait Vaour, Montricoux et La Capelle (p. 109). Le nom de son prédécesseur pour La Capelle, Arnaud de Bosc (2), rappelle singulièrement celui d'Arnaud d'a Bos ou Dabos, commandeur de Vaour. Il est vrai que 35 ans s'écoulent

(1) Sur ce sujet, voy. Devals. *Histoire de Montricoux* dans les Mémoires de l'Académie des Sciences de Toulouse, 1864, p. 122 et ss.; Élie Rossignol et Devals. Mémoires présentés au *Congrès archéologique de France*, en 1865 (Caen, 1866, in-8o) p. 331 et ss.; Élie Rossignol. *Monographies*, III, p. 215 et ss.; 287 et ss.; Moulenq *op. cit.* II, p. 240 et ss.

(2) Moulenq, II. p. 33.

entre les deux actes auxquels nous faisons allusion. Enfin on pourrait se demander si cette « maison de Monzon » où fut déposé notre cartulaire (p. 104) ne devrait pas être identifiée avec celle de La Capelle qui était primivement désignée sous le nom de Monzon (1). Si nous avons opté pour Monzon en Aragon, c'est parce que les Templiers y étaient établis dès 1143 et que pour La Capelle on n'a aucune preuve de ce genre antérieure à 1224.

Après ces diverses constatations et avant d'aborder l'examen de nos textes au point de vue juridique, il convient d'essayer d'établir la chronologie des commandeurs de Vaour. La tâche est moins aisée que ne l'a cru M. Rossignol.

Fort Sans qualifié de *maître, procureur* ou *commandeur* de Vaour, figure dans des actes datés d'octobre 1173 à juillet 1186 et, comme commandeur de Castres, à décembre 1186. Son nom est rappelé, en avril 1192, dans une pièce où il est question de son successeur immédiat, Doat Dalias. Or, de 1173 à 1186, le même Fort Sans est dit quelquefois maître de Castres et de Saint-Laurent (novembre 1184 et juin 1185) ou procureur de Castres seulement (janvier 1185). On en pourrait peut-être tout d'abord conclure que les possessions du Temple à Vaour, à Castres et à Saint-Laurent ne constituaient qu'une unité administrative, une unique commanderie dont la direction était confiée à une seule personne.

On remarque, en outre, que, dans le même intervalle, d'autres Templiers portent, comme Fort Sans, le titre de maître, procureur ou commandeur de Vaour, de Castres ou de Saint-Laurent. Ce sont : Jean de Nougayrols (mars 1179), Guiral Bada (vers la même époque), Durand Œiller (mars et avril 1181), Pierre de Tudelle (novembre 1184), Pierre de La Case (commandeur de Castres, octobre 1184 et janvier 1185), B. Abauzit (commandeur de Castres et de Saint-Laurent, vers 1185), Pierre de Tudelle, de nouveau (janvier 1186). Doit-on admettre que la « maîtrise »

(3) Du Bourg, *op. cit.* p. 553.

de Fort Sans ait été ainsi interrompue ; qu'il en ait été de même pour Pierre de Tudelle et aussi pour Pierre le chapelain, commandeur en 1191 puis en 1195 ? Bien qu'il soit dit, d'ailleurs, que Doat Dahas a succédé *immédiatement* à Fort Sans, on trouve, entre le dernier acte où celui-ci joue un rôle actif (décembre 1186) et le document où sa mort est mentionnée (avril 1192), les noms de deux commandeurs autres que Doat Dahas. Enfin, à deux reprises, Fort Sans, *maître* de Vaour, agit de concert soit avec Durand Œiller, *commandeur* de Vaour, soit avec Pierre de Tudelle également *commandeur* de Vaour. Ces titres et celui de *procureur* ou *maître* étaient-ils donc différents ?

Le tableau suivant permettra de discuter plus clairement toutes ces questions. On lit dans le Cartulaire :

1173, octobre — Fort Sans qu'era maiestre d'a Valhor (8).

[Vers 1177-1179] Guiral Bada [al temps] que era comandaire de octobre. — Valhor (26).

1179, mars, 2ᵉ férie. — (Fort Sans qu'era maiestre de Valhor (25). (Jean de Nogairol qu'era comandaire de Valhor (26).

1181, avril — (Durant Oeiller que era comandaire de Vaor (Fortsauz que era maestre de la maio de Vaor } (38).

1184, février — Fortsauz que era comandaire de la maio de Vaor (63, 64)

1184, 19 février. — Fortsauz era procuraire de la maio de Vaor (65).

1184, octobre. — (Fortsauz que era maestre de la maio de Vaor (P. de la Casa que ero comandaire de Castras } (68).

1184, novembre — (P. de Tudella que ero comandaire de la maio de Vaor (69). (Fortsauz que era... maestre de la maio de Castras et de Mairessi (70).

1184, décembre — Fortsauz era procuraire de la maio de Vaor (71).

1185, janvier — (P. de la Casa, lo comandador de Castras (75). (Fortsauz que.. era procuraire de la maio de Castras (75)

1185, mai — Fortsauz que era procuraire de Vaor (76).

1185, juin — Fortzauz que era maestre de la maio de Castras et Mairessi (79).

[Vers 1185.] — Bernatz Abauzitz que era comandaire de la maio de Castras et de Mairessi (80).

1186, janvier — (Fortsauz era procuraire de la maio de Vaor (81). (P. de Tudella, comandaire de Vaor.

1186, mars	Fortsauz et W. Ato que ero fraire et donat de la maio sobredicha del Temple et administrador et baile en aquel termini de la maio de Vaor et de las honors de Castras et Mairessi (82).
1186, juillet	Fortsauz era comandaire de la maio de Vaor (83).
1186, décembre	Fortsauz era comandaire de la maio de Castras (84).
1191	P. lo capella que era comandaire de la maio de Vaor (85).
1191	Arnaut d'a Bos que era comandaire de la maio de Vaor (87).
1192, avril	Seguentre la mort d'en Fortsauz, Doatz Dalias que fo comandaire en loc de lui (87).
1192	Bertranz Bonafos, lo comandaire de Vahor (90).
1193, juin	Bertrantz Bonafos que ero comandaire de la maio de Vaor (91).
1195, janvier	P., capella, procurador de la maio [de Vaor] (95).
1199	Daide de Sancta Crotz que era comandaire de la maio de Vaor (101).
1200, 28 décembre	Ademar W. que comandaire de Vaor (102).
1202	Petrus del Castel, preceptor domus de Vahor (103).
1248, 27 février	Gaillarts de Pardinas, comandaire de Vaor et de Montricols et de la Capella (109).

Il résulte de ces citations que Fort Sans a été qualifié *indistinctement* de maître, procureur ou commandeur. Cette équivalence de titres n'a rien d'anormal, car on pourrait invoquer à l'appui d'assez nombreux textes (1); par suite, il restera acquis que Fort Sans a administré de 1173 à 1186 *environ* la commanderie de Vaour et les membres qui en faisaient sans doute partie, Castres, Saint-Laurent et Montricoux.

Mais du moment que dans ce laps de temps d'autres comman-

(1) Ul. Chevalier. *Cartularium domus Templi de Roais, dioc. Vasionensis* (Vienne, 1875, in-8°) p. 70 : Stephanus de Johannez qui tunc commendator erat domus de Roais (en 1139) ; p. 80 : Stephanus de Johannas qui tunc magister erat domus de Roais (vers 1157-1161); p. 88; Ugolenum, militem Templi et administratorem in domo de Roais (en 1178); p. 89 et 90: Ugolens, comandador de Roais (en 1191); etc. — Aug. Chassaing. *Cartulaire des Templiers du Puy* (Paris, 1882, in-8°) p. 6 : F[ulco] de Montpezat, magister domus milicie Templi (en 1210); p. 11 : Fulconem de Montpezato, tunc temporis preceptorem domus milicie Templi (en 1210-1216); p. 13 : Ego Fulco de Montpezat, procurator domus milicie Templi (en 1210); etc.

deurs figurent, à sa place, dans plusieurs actes, on serait porté à supposer que les dates de ces pièces sont plutôt celles de leur rédaction que des faits juridiques qu'elles relatent. Pour admettre une telle hypothèse bouleversant l'ordre chronologique qui semble fourni par le recueil des titres de Vaour, il faudrait d'abord que certains détails diplomatiques vinssent prouver nettement que nous avons sous les yeux non pas des chartes, mais des notices. Or, presque toujours, et ici tout particulièrement, ces indices formels font défaut, d'où il suit qu'on n'est nullement autorisé à voir de simples notices là où se retrouvent les formules assez ordinairement adoptées dans les chartes méridionales du XII⁰ siècle.

D'ailleurs cela n'expliquerait pas l'intervention simultanée de Fort Sans *maître* et de J. de Nougairols ou Pierre de Tudelle, *commandeurs* de la même commanderie. Des considérations d'un ordre tout différent aideront peut-être à résoudre ce petit problème. Les titres de maître et de commandeur sont certainement équivalents ; mais parmi les personnages qui sont ainsi désignés n'en est-il pas qui soient supérieurs aux autres dans la hiérarchie du Temple ? Ce sont peut-être des maîtres d'ordre inférieur que ce « magister de Serenicurte » et ce « magister de Calmontina » qui administrent en même temps une seule et même commanderie, celle de Seraincourt et Chaumontaigne (1). Ailleurs (2), telle phrase comme celle-ci « Si per aventura lo comanado *ol maestro o alguna autra persona...* » (titre de 1156) paraît indiquer une gradation qu'on retrouve, un peu plus tard, dans cette autre citation : «... Heliœ de la Bada *magistro*, G. de Traulega, *preceptori* et aliis fratribus dicte domus » (titre de 1228). Cela semblerait justifier une distinction hiérarchique entre des personnages également et indistinctement, chacun pris à part, qualifiés de *maîtres* ou *commandeurs*. Mais est-il bien nécessaire d'invoquer d'autres textes que la règle même du Temple ?

(1) Ed. de Barthélemy. *Obituaire de la commanderie du Temple de Reims*, p. 309 (dans les *Documents inédits*. Mélanges. T. IV).
(2) Du Bourg. *op. cit.* Pièces justificatives XXVI et LXII.

D'après les statuts de 1128 (1), il y avait dans les « provinces »,
au-dessous du grand commandeur régional, non seulement des
commandeurs (ou maîtres) de maisons, mais encore des comman-
deurs des chevaliers, servant de lieutenants au maréchal, chef
militaire de l'ordre, en l'absence de grand maître et de son
sénéchal. Si l'on veut bien se reporter à la p. 98 de ce recueil, on
verra un Fr. Pons, maréchal *in partibus Provincie et in qui-
busdam Yspanie*, agissant au nom de la maison de Vaour dans
une affaire qui ne présente aucun intérêt exceptionnel ni général.
Il faudrait donc croire que se trouvant, pour une raison quelcon-
que, dans cette région, il lui plut d'exercer ses droits supérieurs
à ceux du commandeur. Pourquoi, en temps ordinaire, l'un ou
l'autre de ses lieutenants, de ces commandeurs de chevaliers dont
nous parlions, n'en aurait-il pas fait autant ? On s'expliquerait
ainsi comment deux commandeurs de Vaour (l'un en titre, l'autre
incidemment) peuvent figurer dans un même acte ; comment,
durant la « maîtrise » de l'un, d'autres peuvent concourir à l'admi-
nistration de sa commanderie dont, dans ces occasions, ils se
qualifient maîtres ou commandeurs. On se rendrait compte en
même temps des nombreuses pérégrinations de tel commandeur,
comme Jean de Nougairols, qu'on trouve à la tête du Temple de
Toulouse en 1170, de Larramet en 1172-1173, de Vaour en
1179, de Larramet de nouveau en 1189 et de 1194 à 1197 ; de
Bernard Abauzit, commandeur de Castres et Saint-Laurent vers
1185, de Larramet déjà en 1173, puis en 1193 et de 1198 à
1203 (2) ; d'Arnaud de Bos, commandeur de Vaour en 1191,
puis en 1211 (3).

Néanmoins ces explications ne peuvent satisfaire qu'à demi
attendu qu'elles résultent seulement d'un raisonnement par ana-

(1) H. de Curzon. *La Règle du Temple*, p. XVI à XXIII (publication de
la Société de l'histoire de France, 1888, in-8°).

(2) Du Bourg, *op. cit.* p. 53, 62, 83.

(3) Cartulaire du Temple de Mas-Dieu en Roussillon, dans la *Recue des
Langaes romanes*, III, p. 7 et 8, (citation reproduite dans la *Recue du
Tarn*, VI, p. 125-126).

logic, au lieu de reposer sur des textes formels. Il est donc permis de proposer un dernier système auquel nous nous rattachons pour les raisons suivantes: l'organisation de l'ordre du Temple ne diffère pas de celle de l'ordre de l'Hôpital et lorsque celui-ci succéda un peu partout à celui-là, il n'eut rien à changer dans le mode d'administration des commanderies. Si bien que, les institutions religieuses se modifiant encore plus lentement que les autres, un document de 1417, par exemple, est inspiré des mêmes principes administratifs que tel autre du XIIe siècle, concernant le même objet. En tirer une conclusion est raisonner aussi par analogie, comme ci-dessus, mais l'analogie est plus ou moins sensible ou subtile. Or en 1417, le receveur du prieuré de Saint-Gilles *arrentait* pour la somme de 100 livres tournois la commanderie de Vaour à trois personnes à la fois: au précepteur de Drulhe, au précepteur de Saint-Hugues et à un *donné* (1). Dès lors l'administration de Vaour était rattachée, pour une année au moins, à celle de deux autres commanderies dont les chefs pouvaient également s'intituler commandeurs de Vaour, pendant ce laps de temps. Pourquoi n'en aurait-il pas été de même au XIIe siècle? L'*arrentement* des bailies de l'Albigeois était d'une pratique courante au XIIIe siècle et la liste des bailes de Cordes que nous avons relevée pour le XIVe, fournit les mêmes alternances dans les noms, la même multiplicité dans le nombre des usufruitiers de la charge, que le tableau de la p. IV relatif aux commandeurs de Vaour. Nous pensons que, au XIIe siècle, comme au XVe et plus tard, la jouissance des revenus de Vaour a été baillée au plus offrant, pour une annuité.

(1) Le 13 octobre 1417, « dominus frater Huguo Ricardi, preceptor Sancte Eulalie Rodi et receptor in prioratu Sancti Egidii pro domino magistro et conventu (de) Rodi, vendidit et arrendavit fratri Durando Maliani, preceptori domus de Drulha, receptori in prioratu Tholose pro dicto domino magistro et conventu Rodi et fratri Johanni de Fes (ou Fos), preceptori domus de Sancto Hugone, et Bernardo Buxie, donato dicte religionis... scilicet domum de Vaor dicte religionis, cujus erat ultimus preceptor, vita nuper functus, frater Amalricus de Saunhaco, cujus mortis occasione dicta domus vacat pro presenti...» pour la somme de 100 livres tournois, etc. (Archives du Tarn. Fonds Favarel, n° 119, f° 365. Registre d'un notaire de Cordes.)

Le preneur devait naturellement appartenir à l'ordre de cette maison ; d'autre part il pouvait obtenir le renouvellement du bail pendant plusieurs années de suite, n'affermer qu'une partie de la commanderie (Castres, Montricoux, etc.) ou s'associer avec un autre Templier ou cumuler l'administration de plusieurs commanderies qui étaient ainsi provisoirement réunies et dont le groupement pouvait par suite varier d'une année à l'autre. Ce système nous paraît le seul admissible parce qu'il rend compte de toutes les difficultés que présentent à première lecture non seulement nos textes mais aussi ceux qu'a publiés M. du Bourg dans son *Histoire du Grand Prieuré de Toulouse*, sans compter les autres. Il a l'avantage d'être déduit d'un document explicite et de restreindre dans une mesure très appréciable les limites d'un raisonnement par analogie.

Les commandeurs de Vaour, durant la période comprise entre les dates extrêmes du Cartulaire, ont donc été :

En 1173, FORT SANS.

[Vers 1177-1179], GUIRAL BADA.

En 1179, FORT SANS et JEAN DE NOUGAIROLS. (1)

En 1181, FORT SANS et DURAND ŒILLER.

En 1184, FORT SANS et PIERRE DE TUDELLE.

En 1185, FORT SANS.

En 1186, FORT SANS, PIERRE DE TUDELLE et GUILL. ATON.

En 1191, PIERRE, le chapelain, et ARNAUT DE BOS.

[Vers 1192] FORT SANS.

En 1192, DOAT DAHAS et BERTRAND BONAFOUS.

En 1193, BERTRAND BONAFOUS.

En 1195, PIERRE, le chapelain.

En 1199, DAIDE DE SAINTE-CROIX.

En 1200, ADÉMAR GUILLAUME.

En 1202, PIERRE DEL CASTEL.

(1) Pour les années où l'on trouve plusieurs commandeurs, il n'est pas toujours possible de dire si leurs fonctions ont été exercées conjointement ou successivement.

III

En passant à l'étude ou plutôt à une revue sommaire des textes du Cartulaire considérés au point de vue juridique, nous ferons remarquer que nos citations n'ont rien d'exclusif c'est-à-dire que nous donnons un ou plusieurs exemples et non pas tous ceux qu'on pourrait relever. Il serait en effet inutile de surcharger une introduction au point de la transformer en une compilation de phrases détachées des actes auxquels il serait fait allusion.

A l'époque qui nous occupe, dans la 2ᵉ moitié du xiiᵉ siècle, la propriété offre un caractère de collectivité qui a disparu depuis. Toute aliénation, tout engagement envers des tiers implique le consentement, non seulement du seigneur foncier, lorsque c'est un tenancier qui agit, mais encore des descendants, des collaté-raux et des alliés même de quiconque diminue légalement son bien. C'est ainsi que nous voyons une veuve approuvée par ses enfants (p. 12), un mari par son fils et sa femme (47), ou par ses filles et leurs maris (54), un frère par ses frère et sœur (62), ou par sa sœur et le mari de celle-ci (64), un fils par sa mère et ses frères et sœurs (74), un père par ses fils et filles, par sa sœur, par le mari et la fille de cette sœur (80). La propriété est donc *familiale* et l'indivision des droits est le cas ordinaire. Bien plus, une alliance a pour effet de faire entrer dans cette communauté une nouvelle personne qui figure, à côté de ses beaux parents et de son conjoint, dans les actes consentis par eux. A un autre point de vue, l'assentiment du seigneur foncier est aussi exprimé (15,21). Il en est de même de celui du supérieur hiérarchique ou de la communauté religieuse : l'abbé d'Aurillac approuve le prieur de Vailhourlès (11), les chanoines de Saint-Antonin leur prieur (44). Lorsqu'il s'agit de droits sur un établissement ecclésiastique, comme la chapelle de Montagut (88), l'évêque d'Albi, en tant que supérieur dans l'ordre spirituel en son diocèse, autorise les donateurs laïcs.

Pour ce qui concerne le lien féodal du seigneur au tenancier on

peut citer encore deux exemples d'hommage que fournit le Cartu-
laire : c'est l'hommage *par le baiser* (7 et 96) ; dans l'un de ces cas,
le vassal se tient à genoux et les mains jointes (7). Les autres
droits seigneuriaux (*seinnorias*) sont toutes les redevances et
servitudes qui grèvent un fonds et garantissent, soit par leur
périodicité, soit par leur nature quasi-symbolique, la perpétuité
de la mouvance. Rarement, une seule fois même (53), on les
trouve énumérés et encore d'une façon incomplète ; ce sont : un
cens annuel, un droit d'arrière acapte et *las seinnorias autras*
si coma clams e de justizias ; ailleurs (90) *la seinnoria dels*
corsses dels veguers del bosc de Murcengz siu home o femnas
d'aitant e fora quant aperte als usalgues at als servizis que
devo far per lo bosc. La réserve des dits seigneurs n'est plus que
symbolique lorsque le chapitre de Saint Antonin stipule un acapte
d'un morabotin d'or *ad recognitionem dominii* (42) et surtout
quand le comte de Saint-Gilles déclare conserver l'intégrité de
ses droits sur les oiseaux de proie *per seingnoria* (27).

La marque ordinaire de la sujétion d'une terre est le droit de
mutation exigible lorsque meurt le tenancier (acapte) ou qu'il
subroge un tiers à ses droits (*lauzaduras* 15). On trouve dans nos
actes d'assez nombreuses stipulations d'acapte, outre celles que
nous venons de rapporter : on fixe la somme qui représentera
l'acapte ou l'arrière acapte. Doit-on considérer l'arrière-acapte
comme un droit d'acapte exigible lors de la mort du seigneur
foncier ? Des textes de date beaucoup plus récente font en effet
cette distinction (1). Mais on sait combien les feudistes des der-
niers siècles ont émis d'interprétations erronées et fait naître
de confusion dans l'intelligence des institutions des époques
antérieures. Leur opinion ne vaut donc que pour leur temps.
Peut-être même ne sont-ils pas toujours responsables de leurs
erreurs qu'explique, dans une certaine mesure, l'emploi simul-

---

(1) Nous citons celui-ci qui donne, pour le xviie, l'usage courant dans l'Al-
bigeois : « Advis... les droits d'acapte se doibvent payer lors que le feauda-
taire vient à mourir et les arriere acapte lors que le seigneur direct vient à
mourir ». (Arch. de Cordes. GG 101, f° 221.)

tant d'expressions différentes pour désigner une même chose.
C'est ainsi qu'un droit de « *reire* acapte » est stipulé en 1553
« en touta mutatiou de avesque d'Alby facha per mort et de
pages tenencio » (1), tandis que, d'après la règle citée en note,
il devrait être question d'arrière acapte au décès de l'évêque (sei-
gneur foncier) *et d'acapte* au décès du tenancier. Au XVIII° siècle
cette distinction devient encore plus obscure. « Il y a, dit Cl. Jos.
de Ferrière (2), d'après Boutaric, le droit d'acapte qui est dû par la
mort du seigneur direct, au lieu que l'arrière acapte est dû par
la mort du tenancier » (v° Arrière acapte) et ailleurs (v° Acapte)..
« l'acapte est un droit d'entrée qui est dû en quelques lieux au sei-
gneur à la mort du tenancier ». Le même jurisconsulte se contredit
donc à quelques pages de distance. A notre avis, si tant est que
nous ayons le droit d'en émettre un, vu le laconisme du Cartulaire,
nous serions portés à croire qu'on n'a pas fait au Moyen-Age
de distinction entre le décès du seigneur et celui du tenancier
quant à la dénomination du droit à percevoir par le premier ou
ses ayant cause: le mot acapte a servi à désigner ce droit dans
les deux hypothèses. L'arrière acapte correspondrait dès lors
au cas où, pour la 2° fois, l'acapte, droit de mutation, serait exi-
gible du fait du seigneur comme du fait du tenancier. La formule des
baux « à prim et noel acapte » qu'on rencontre sans cesse
dans les actes des XIV° et XV° siècles, dans notre pays, semble-
rait un argument en faveur de cette thèse (3). Quoiqu'il en soit,
notre intention n'étant d'ailleurs que de signaler les questions que
peut suggérer la lecture du Cartulaire, nous sortirions du cadre
que doivent s'imposer des éditeurs en dissertant davantage sur
ce sujet.

(1) Arch. du Tarn. G. 111, *passim*.

(2) Cl. Jos. de Ferrière. *Dictionnaire de droit*. Nouv. éd. Paris 1762, in-4°.

(3) Notre Cartulaire même servirait peut-être à l'appuyer. Ainsi dans le cas
d'une *ratification* de donation (17) le s^r foncier stipule 12 d. de cens « ab
XII d. de reiracapte ». Pourquoi n'est-il pas question d'acapte, sinon parce
que ce droit a déjà été payé lors de la cession? Dans l'hypothèse contraire,
il faudrait supposer que le s^r ne réserve aucun droit (acapte) pour le jour de
la mort du tenancier et qu'il se borne à prévoir son propre décès (arrière acap-
te), ce qui serait d'un désintéressement rare. V. aussi p. 94.

Le contrat d'acapte ou d'emphitéose confère au tenancier la pos-
session perpétuelle d'un fonds ; cette concession est soumise ou
non à un cens et à des conditions ou servitudes dont la nature et
le nombre sont assez variables. Tantôt le seigneur foncier stipule
un droit d'acapte « senes tot ces et senes tot servizi » (15), tantôt,
c'est le cas le plus fréquent, la concession est faite à charge d'un
cens annuel dont la quotité est assez souvent égale à l'acapte
(10, 17, 94). Tous ces cens sont payables en espèces, sauf un
qui consiste en 14 setiers de froment (102). Les termes sont
surtout celui de la Noel (10, 76, 94) et ceux aussi de Pâques (17)
et de la fête de saint Julien (103).

Le cens, au xii° siècle, ne s'applique pas seulement aux censi-
ves ou, en d'autres termes, la distinction entre les fiefs et les censi-
ves n'existe pas encore. Un fief est grevé de droits ou servitudes
qui varient mais qui ne correspondent pas à deux catégories
distinctes de tenures. Ce qui n'est pas un fief est un alleu. Il
n'est fait mention dans le Cartulaire que l'alleu de Sals.

La seule division et la plus simple qu'on puisse adopter ici est
celle des contrats à titre gratuit (donations) et des contrats à titre
onéreux (ventes et engagements) et encore y aurait-il à faire quel-
ques restrictions, comme on le verra.

On donne pour l'amour de Dieu et le salut de son âme ou celles
de ses parents, pour le pardon de ses péchés. La vente affecte
souvent la forme d'une mutuelle donation et ne diffère pas, au[1]
point de vue diplomatique, de la cession gratuite. Dans le cas
de vente, le Temple *fait aumône* du prix de la chose.

Les abandons rémunérés ou non consentis en faveur du
Temple ont généralement pour objet des dîmes, des droits sur
des personnes, et surtout des droits de pâturage. La maison de
Vaour acquiert des droits sur une personne moyennant la somme
de 15 s. (82), gratuitement sur d'autres (26, 86), et sur d'autres
encore et les enfants qui en naîtront (93 etc). Tel donne son fils
« *ad monachum* » (2) ; tel autre se donne lui-même corps et
biens et est reçu « *per donat e per fraire* » (29, 36 etc.) ; ailleurs
les fils approuvent une pareille et entière donation faite par leur

père, jurent d'en garantir les effets et sont admis eux aussi comme
« *donatos et participes in omnia beneficia* »; on leur promet de
les ensevelir « *cum equis et armis* » dans le cimetière du
Temple (98). Ces actes sont au fond des contrats à titre onéreux
dont le prix purement symbolique consiste dans une association
spirituelle avec l'ordre du Temple. Celui qui conclut cette con-
vention ne fait toujours abandon de l'universalité de ses biens,
il se contente assez souvent d'apporter pour son *formiment*, soit
2 seterées de terre (61) soit 100 sous (50), soit toute autre somme
d'argent et divers droits (62). On voit même, à la suite d'une
concession de droits d'usage, faite par quatre personnes, le
Temple promettre de recevoir dans l'ordre « *aquel en que tot
quatre s'accordario* » (11), ou, ailleurs, le fils du donateur
(16 etc.) ou son frère (62, 69). Le Temple désintéresse parfois
les parents de ceux qui se sont ainsi donnés à lui et qui par ce
fait ont aliéné, avec leurs personnes, des droits de la commu-
nauté de famille (75). Enfin la cession gratuite des droits sur une
personne peut être conditionnelle : le tenancier doit donner son
consentement à la donation de sa tenure ; il peut aussi le refuser,
mais alors rien n'empêche le seigneur foncier de céder ses droits
sur la personne même du tenancier (5).

On se dessaisit par tradition. Notre Cartulaire ne fournit que
l'exemple d'une tradition d'un *cusulus* (cabane) « *per clavem* »
(7).

On livre un bien ou des droits quelconques « *senes tota
servitut, si con es de comus et d'obras et de gachas et d'alber-
guas* » (88) ou en réservant des cens, acaptes ou autres servitudes.
Beaucoup de concessions ont pour objet des pâturages et des bois
qu'on inféode « *a mens de malafacha de vinas o de blatz o de
praz* ». Cela signifie que l'emphitéote ne devra, l'occasion de
l'exercice des droits concédés, causer aucun dommage aux terrains
ou cultures qui ne rentrent pas dans la concession. La *splecha* (ou
droit d'usage) dans les bois, pâturages et eaux d'un domaine est
d'ailleurs limitée *ad ops dels pastors et de las cabannas*, c'est-
à-dire *ad ops dels focs dels pastors* (57) et au bois nécessaire

pour la construction ou l'entretien de leurs demeures, sans compter ce qui est utile à l'alimentation de leurs troupeaux.

Quel que soit l'objet de la donation ou de la vente, le fait juridique est garanti par des personnes nommées dans l'acte. Le donateur s'engage même à restituer ce qui serait détourné par un des siens, dans l'avenir (4).

Les prix de concessions ou de confirmations de concessions antérieures sont ordinairement stipulés en monnaie de Melgueil ; cependant on trouve dans deux actes la mention simultanée de sous de Cahors et de Melgueil (90 et 103). Le type arabe du morabotin ne se rencontre qu'une fois (42). Il arrive quelquefois que les espèces métalliques ne représentent qu'une partie du prix : ainsi on remet 110 s. de Melg. et une paire de bœufs (52), 160 s. de Melg. et 3 bœufs (71), 25 s. de Melg. et un cheval de charge (76); ou bien on paye uniquement en nature une paire de bœufs estimée 100 s. [de Melg.], 3 setiers de maïs (80). La mesure de ce grain n'est pas déterminée et on ne trouve dans le Cartulaire l'indication d'aucune mesure locale si ce n'est celle de Cahuzac (103).

Nous avons vu que certaines réserves étaient insérées dans les contrats, particulièrement dans les concessions de bois et pâtu‑ rages. On prévoit, en conséquence, le cas où ces clauses ne seraient pas observées : « *Si endevenia (la malafaita), deu esser adobat per conoguda d'u amic de la maio (del Temple) et d'aquell de cui la malafaita seria* » (37). Ces deux « amis » de chacune des parties jugent le différent, soit seuls (37) soit, le plus souvent, en s'adjoignant un conseil qui comprend une troi‑ sième personne (7), ou deux délibérant en présence *aliorum multorum* (35), ou quatre (58). Dans une affaire, le Temple est représenté par deux « amis » au lieu d'un, et la partie adverse de même ; tous les quatre conviennent de s'en rapporter à l'avis d'une autre personne qui compose un conseil de 5 personnes dont 3 sont prises parmi les quatre « amis » déjà cités; le juge‑ ment est rendu par eux tous (66). Dans ces débats, les arbitres s'inspirent des dépositions de témoins (37,90) ; les juges et mem‑ bres de leurs conseils sont, sans doute le plus souvent, des témoins du fait contesté ; cela est formellement exprimé une fois (92-93). Si l'on ne peut pas citer des témoins de l'origine du droit revendiqué ou méconnu, on se contente de prouver, toujours par l'affirmation de tiers, une possession d'état depuis 40 ans (66) ou depuis 40 à 60 ans (37): la chose est alors acquise par prescription.

Il reste à citer quelques exemples d'engagement. On sait que le prêt à intérêt étant autrefois considéré comme usuraire, les emprunts s'opéraient par des moyens détournés tels que la cession temporaire d'une propriété (vente à réméré) ou d'un usufruit (gage). Riquier de Penne *mes en pengs* un cens de 12 deniers en échange de 30 s. de Melgueil qui lui sont prêtés (17) ; ailleurs c'est une mule qui sert de gage (60). Parfois le débiteur ne pouvant pas ou ne voulant pas se libérer abandonne ses biens (84) et quelquefois aussi sa personne (50) au Temple qui acquitte la dette. Tel autre renonce à retirer les biens livrés en gage au Temple et les lui cède en toute propriété ; moyennant ce don il est admis dans l'ordre (62).

Telles sont les remarques que nous avons jugé bon de placer en tête du Cartulaire; elles pourront peut-être servir à des études plus approfondies et plus générales. Qu'il nous soit permis, en terminant, d'exprimer notre reconnaissance envers les membres du Comité des travaux historiques du Ministère de l'Instruction publique, puisque c'est grâce à eux, grâce tout particulièrement à notre savant et regretté maître, M. Siméon Luce, que la Société littéraire du Tarn a pu faire imprimer ce travail. Enfin n'oublions pas d'adresser nos plus vifs remerciments à M. Ad. Baudouin, archiviste de la Haute-Garonne, qui, non content d'avoir signalé à l'un de nous l'intérêt du cartulaire de Vaour, a bien voulu lui donner toute les facilités nécessaires pour en prendre une copie complète et fidèle.

PIÈCES XLV, XIII ET XLVII.

CARTULAIRE

DES

TEMPLIERS DE VAOUR

~~~~~~~~~~

I

(97)—1143. — Guillaume de Penne et plusieurs autres personnes donnent au prieuré de Sainte-Marie des Albis la combe des Albis et Roque-Corbière, tenure de B. Bonafous. (1)

In nomine Domini nostri Jhesu Xristi. Ego W^{us} de Penna e Raimons Bernartz e Malfres de Monteils e P. B. e Ponz G. eil veguer e P. de Penna et Amelius de Penna e R. Ratbertz et Amelius de Sals et Daide Grimalz e J. Raters et B. Guitartz e R. Guitartz e P. Grimalz, nos donam, per la amor de Deo e redemptio de nostras armas e de nostres linnatgues, la cumba delz Albis e Roca-corbeira, de las broas enintz tro e la roca B. Bonafos, quo meilz i es e B. Bonafos a o donat, aichi quo las broas ne vau dret a las barreiras, et en aici quo las fis ne vau tro a la crotz d'Artalloneil, et aici quo la vian va dret a la crotz, al semder de Breto, en torna als eissartils veilz de B. Bonafos.

(1) On lit au dos du parchemin : *de la Madalhena* (Ecriture du xv^e s) et *dels Albis* (xvi^e s.).

Nos toch essems, que aici em sobrescrich, donam aquest do a
Domino Deo et a sancta Maria et a Petro Hymbert et a'n J., lo
primer habitador, et a aquels que il e metrau ab Deo. Sign.
Peiro Proet. Sig. Ameil Audeguer. Sign. Ameil de Penna. Sign.
Matfre Ameil. Sign. Arman de Penna. Sign. P. del Bruil. Sign.
W. lo Calv. Anno ab Incarnatione Domini M° C° XL° III°, feria
V^a, luna XX e VI. Regnante Lozoico rege. Deide Fabre donet
lo noguer del Pug a Deo e als abitadors delz Albis e Joans
Forbidre.

II

(99) — 1150. — Bernard-Ademar de L'Auriol et sa femme, donnent
au prieuré de Sainte-Marie des Albis administré par le prieur
Hugues leur fils Amiel et, du consentement de Bernard Armengau,
leurs droits sur le moulin de l'Auriol.

Bernatz Ademars d'Auriola et uxor sua donero los molis
d'Auriola entegrament quo meils los avio, pro amore Dei et
suas animas, et Ameil filium suum ad monacum a sancta Maria
de Albis et a Peire Ugo, prior, et a Peiro de la Vaisseira et [als]
abitadors de Albis, per consilium Bernat Ermengau. Aiso viro
et audiro W. de Penna piules, W. calv, e G. de Cotenx, et W. P.,
et P. Proet, et Willelma Fisa, et W. de Causada, e B. Donadeu.
Anno ab Incarnacione Domini M° C° L°.

III

(98) — 1150. — Bernard Armengau, en son nom et au nom de
trois de ses tenanciers, vend au prieuré de Sainte-Marie des Albis
administré par le prieur Pierre Hugues le moulin de L'Auriol, pour
la somme totale de 76 sous.

Breve memoriale del do que Bernat Ermengau donet, per
amor de Deo et de sua anima et de suo patre, los molis els

molinars els passairils els arribatges d'Auriola, entegrament
quo meilz o i avia ni hom de lui, a Deo e a sancta Maria dels
Albis et a Peiro Ugo prior, et a Peiro de la Olmia, et als habita-
dors del loc. Et deu ne esser guirens a dreg. Et eil derunt lin (1)
à Bernat Ermengau LXXVI sol. a lui et als seus tenedos, a
Bernal Ermengau XX sol., a Peiro d'Albeira XXXV sol., a
Guillem de la Lausa (et) XV sol., et a Guillem del Valat VI sol.,
tot ab le cossoii Bernat Armengau. Autorici sunt et captenedor
Ameil de Penna e sos fraire, e Ameil Audeger e sos fraire, e R.
Ameils e sos fraire, e W. de Penna, e toch li cavaller d'a Penna
capten per Deo (2) ; P. Proet autorici, e W. del Valat, et Stepha-
nus de la Lausa, e B. Donadeu, e P. de la Cassainna. Anno ab
Incarnacione Domini M° C° L°.

IV

(95) — [Vers 1150.] — Bernard Armengau reconnait avoir aliéné
en faveur de l'abbé de Septfons, Raimond, et du prieur de Sainte-
Marie des Albis, Pierre Hugues, le moulin de L'Auriol et est admis
par ledit abbé dans une association spirituelle avec l'ordre. (3).

Verum est quod Bernardus Armengaius dedit molendinarium
de Auriola, introytum et exitum, et aquam e la paicheira, Deo
sancteque Marie et habitatoribus Albiniarum, in manu Rai-
mundi, abbatis VII foncium, et Petri Ugonis, qui tunc sub tutela
sua locum Albiniarum habebat. Et, propter hoc, abbas supra-
dictus concessit Bernardo Armengaio fraternitatem quemcunque
accipere vellet. Hujus doni sunt testes Wus Petri, Boso Fustencz,
Wus Ato.

(1) Pour *li ne*.

(2) Le texte porte bien *capten per Deo* ; le scribe à mal copié ou omis un
signe abréviatif et peut-être doit-on lire *capten[edors] per Deo*.

(3) Cet acte se rapporte au sujet de la pièce précédente datée de 1150.

V

(97 *bis*) — [Vers 1150.] — Bernard de L'Auriol, sa femme et leurs enfants cèdent au prieuré de Sainte-Marie des Albis et à l'abbé de Septfons, Raimond, tous leurs droits sur le moulin de L'Auriol, avec la faculté de prendre dans leurs bois les matériaux nécessaires à l'entretien du dit moulin et de la chaussée (1).

Omnibus hanc scripturam legentibus vel audientibus notificamus quod Bernardus de Auriola et uxor ejus omnesque sui infantes dederunt, vendiderunt et concesserunt omne jus quod habebant in molendino de Auriola et in passeria et in ribagiis Deo sancteque Marie et habitatoribus VII fontium, in manu Raimundi, abbatis. Concesserunt etiam ut ligna, que necessaria molendino et passerie forent, habitatores Albium quocies vellent tocies ex nemore Bernardi suorumque infancium acciperent. Promiseruntque Bernardus et sui infantes quod si quis ex genere illorum aliquam injuriam faceret recte manutenerent et ablata possessoribus molendini restituerent. Hujus rei sunt testes W. de Penna calvus, et W. Atonis, et Bernardus Atonis, et Amelius de Penna, et Bernardus Excorjans-lupum, et Raimundus Arnaldi, et Bernardus Mancipium, et Petrus, frater suus. Feria IIIª, Raimundus scripsit.

VI

(101) — [1155.] — Guillaume de Penne donne au prieuré de Sainte-Marie des Albis la terre et le pré tenus par B. Bonafous à Roque-Rouge (2).

(1) On peut attribuer à cet acte la date (approximative) des deux précédents par suite de la présence dans tous les trois des noms de l'abbé Raimond, de W. de Penne, etc. — Au dos du parchemin, on lit : *le moly d'Airole es pres de la Magdalena delz Albis, ts* (pour *dretz ?*) *Tressols.* (Écriture du xvıe s.) L'Auriol et Tressols sont en effet situés en face l'un de l'autre, sur les deux rives de l'Aveyron.

(2) Au dos : *La Magdalena, aquo de las roquas.* (Écriture du xve s.)

In nomine Patris et Filii et Spiritus Sancti. Ego W. de Penna dono Deo et sancte Marie dels Albis et omnibus ejusdem loci habitantibus, presentibus et futuris, illam terram et pratum de Bernardo Bonafoz, de Rocha-roja en aval e tro el pas sotira et illos essartz desuper ecclesiam del pas esus entro e lla broa, ubi melius habui et possedi aud aliquis per me. Et deprecor meos parcerers ut similiter et hoc donum faciant, pro amore Dei et sancte Marie. Et, si Geraldus Bonafos et sui parcerer non volebant absolvere, ego Wus de Penna dono ipsum Geraldum et suos fratres et totam tenenciam illorum Domino Deo et beate Marie ejusdem supradicti loci dels Albis, ut melius eos habui et possedi. Hoc fuit factum per testimonium Amelii Audegarii et Audeguerii et W. de Penna calvi et Arcmandi de Penna et Begonis et Amelii de Sals et Petri Proet et W. de Penna mancipii. Facta carta ista anno ab Incarnacione Domini nostri Jhesu Xristi Mº Cº Lº IIIº, mense septembris, sub die dominica, Adriano IIIIº papa Rome (1), Ludovico rege regnante. Signum Begonis de Somart qui hanc cartam scripsit.

VII

(96) — [Vers 1143-1155.] — Pierre de Penne confirme les cessions des dimes faites au prieuré de Sainte-Marie des Albis par Guillaume de Penne et autres dans le domaine qu'ils ont donné au dit prieuré (2).

Omnibus hanc scripturam legentibus vel audientibus notum sit quod P. de Penna dedit decimam ex reoeragio (3) ex omnibus

(1) Un des éléments de cette date est erroné : Adrien IV ne fut élu pape que le 3 décembre 1154 ; en 1153 le siège pontifical était occupé par Anastase IV. Nous supposons que le copiste s'est plutôt trompé en transcrivant un millesime qu'un nom propre.

(2) Les noms des personnages qui figurent dans cet acte et qu'on retrouve presque tous dans les pièces précédentes permettent de le dater du milieu du XIIe siècle.

(3) *Ex reoeragio* n'a aucun sens. Peut-être faut-il lire : *ex re o (ubi) est ratio*, idée développée dans les mots qui suivent : *ex omnibus rebus quas decimator petit.*

rebus quas decimator petit in sua decimacione Deo et habita-
toribus Albiarum, prout P. W. de Penna et alii datores dederunt
et concesserunt jus et rationem quam habebant in honorem
quem dederunt Deo, pro salute animarum suarum, (et) habita-
toribus Albiarum. Hoc donum, quod hic scribitur, Petri de
Penna, viderunt et consuluerunt W., filius Petri de Penna, et
Armannus, frater Petri, et Aldegarius, et W. Calvus de Penna,
et P. W. de Penna, frater Amelii de Penna, et Ademarus Rai-
mundi, et Bernardus Escorjans-lupum et Raimundus Arnaldi,

VIII

(100) — 1161, 29 décembre. — L'abbé de Septfons, Bernard, en
vertu d'une sentence arbitrale condamnant Guiral Bonafous à remet-
tre en ses mains un domaine situé à Roque-Rouge et provenant
d'une franche aumône de Guillaume de Penne, reçoit l'hommage du
dit Bonafous et lui accorde l'investiture de ce bien.

Notum sit omnibus tam futuris quam presentibus quod ego
Bernardus, VII foncium abbas, anno ab Incarnacione Domini
Mº Cº LXº Iº, feria VIª post Natale Domini, IIIIº kalendas
januarii, luna nona, Ludovico rege Francorum imperante,
He[n]ricoque Anglorum rege catursensem civitatem possidente
atque cum Raimundo, comite tholosano, decertante (1) fui ad
illam rocham que vocatur Columberia, que est subtus castrum
Penne et ex altera parte, super ripam Avaironis, cum quibusdam
fratribus nostris ut ibi in manu Audeguerii querimonia illa

(1) Les Anglais étaint maîtres de Cahors depuis 1159 et les hostilités entre
le roi d'Angleterre et le comte de Toulouse avaient été interrompues par
une trève en décembre 1159, puis par un traité de paix conclu en mai et
octobre 1160 (*Histoire de Languedoc*. Éd. Privat, III, 811.) Cette paix devait
durer encore lors de la tenue du concile de Toulouse qui eut lieu « vers la
fin de l'année » 1161 et après le concile de Beauvais (juillet). L'expression
Henrico Anglorum rege... cum Raimundo, comite tholosano, decertante,
ferait supposer que dans les derniers jours de décembre 1161 les deux ad-
versaires avaient repris les armes et que le concile de Toulouse auquel les
rois d'Angleterre et de France avaient assisté (*Id.* 816.), avait clos sa session
avant cette même époque.

quam faciebamus de elemosina Guillelmi de Penna, soceri videlicet supradicti Audeguerii, justo judicio diffiniretur. Querimonia vero illa de tota terra illa erat quam Geraldus Bonafos, cum prato et domo que vocatur cusulus, cum pluribus aliis cusulis de Roca-roja en aval entro el pas sotira e de illis essartz qui sunt desuper ecclesiam entro en la boria, per vim et injuste contra nos tenebat. Ibi denique auditis ex utraque parte rationes justo judicio diffinitum est ut ipse Geraldus Bonafos mihi Bernardo, abbati, fratribusque nostris supradictum honorem liberum redderet et in pace totum dimitteret. Fecerunt autem istum judicium legitime persone, videlicet Petrus Proet, W. de Penna calvus, Armandus de Penna, atque coram omnibus qui ibi presentes erant justum, rectum et verum esse confirmaverunt. Hujus rei testes sunt ipsi judices Bego sacerdos, Johannes Medicus sive Sancti Antonini canonicus, Petrus de Vaor, Gotbertus Molinis, Petrus Ugo, Petrus de Caremant, Deusde de Cabertac, Arnaldus Belladent. — Hoc autem ipsum manifestum fieri volumus quod ipse Geraldus Bonafos, die tercia scilicet dominica (1), audito judicio, genibus flexis manibusque junctis, semetipsum mihi Bernardo, abbati, successoribusque meis [se] reddidit in hominem, cum omni supradicto honore et cum omnibus que possidebat; ita sane quod ego Bernardus, abbas, accepi clavem ipsius cusuli de manu ipsius Geraldi Bonafos. Ego autem, propter pacis karitatisque custodiam et eorum qui presentes deprecationem faciebant, ipsi Geraldo concessi ut ipse cum familia sua, quandiu mihi fratribusque nostris placeret, in ipso cusulo maneret; cum autem iterum displiceret liberum, sanum, melioratum, cum omnibus aliis cusulis, redderet. Hoc totum concessit Geraldus Bonafos ita tenendum per sua fide, quam fidem ego Bernardus, abbas, de manu ipsius cum osculo recepi. Hoc totum viderunt et audierunt Gosbertus Tessandeus, Gosbertus Trenchavena,

(1) Trad. « le troisième jour [après], c'est-à-dire un dimanche ». Ce détail concorde avec la 6ᵉ férie (vendredi) tombant le 4 des kalendes de janvier (29 décembre) et avec une année dont la lettre dominicale serait A, comme c'est, en effet, le cas pour l'an 1161. Le nombre d'or pour 1161 est 3, ce qui fait commencer la lune de décembre au 21, d'où la coïncidence du 9ᵉ jour de la dite lune (luna nona, au début) avec le 29.

Guiraldus de Casalz, Petrus Hugo, Petrus de Caremant, Arnaldus
Belladent e W. Pictavensis, monachus, qui hanc cartam
scripsit.

IX

(4) — 1173, octobre. — Audiguier de Penne cède au Temple repré-
senté par le maitre de Vaour, Fort Sans, tous ses droits dans le
domaine de Tréban et la dime des Anglars.

Audeguers de Penna donet e autorguet e asols a Deu e a
sancta Maria e als fraires del Temple de Jherusalem, ad aquels
que ara i so ni adenant i serau, tot lo dreig e la raso que el avia
ni demandar podia e la honor de Trevant, e li homes e las feme-
nas quen so, aitant quant e la honor estario o em poder de la maio
del Temple, e tota la senoria que avia el deime d'Anglars. Aquest
do sobrescriut fo faig e ma d'en Fort Sans qu'era maiestre d'o
(corr. d'a) Vahor. E Audeguers deu ne esser guirens de toz homes
per bona fe e senes enguan. Autorissi Amel de Penna, e
Autguer, e Amel Vass..., e Bernat Ugo, e Ram. Odo, et P.
del Vallat. Anno ab Incarnatione Domini M° C° LXX° III°, mense
octonbris, feria VI².

X

(5) — [1173,] octobre. — Bertrand de Penne abandonne au Temple
représenté par le maitre de Vaour, Fort Sans, les droits qu'il tenait
d'Audiguier de Penne dans le domaine de Tréban.

Conoguda causa sia que Bertrans de Penna laisset a Deu e a
sancta Maria e als fraires del Temple de Jherusalem, ad aquels
que ara i so ni ascnant i serau, tot lo dreig e la raso que avia
em pens d'en Audeguer en Trevan. Aquest dos fo fagz e ma
d'en Fort Sans, que era maiestre de Vahor, e mandec ne

guirencia Bertrans de totz sos faraires e de sas scrors. E Amel de Penna e..... (1) mandero ne guirentia de totz homes. Sign. P. Sirvent e P. del Vallat e Ademar del Vallat. Anno Domini M° C° LX..... (2), mense octobr[is], feria VI^a.

XI

(6) — [1173] octobre. — Guillaume, fils de Pierre de Penne, et sa sœur cèdent au Temple représenté par le maitre de Vaour, Fort Sans, tous leurs droits dans le domaine de Tréban (3).

Conoguda causa sia a toz homes que W., lo fils que fo P. de Penna, e na Ricarth, sa sor, donero e asolsero..... (4) e senes engan a Deo et a sancta Maria et als fraires del Temple de Jherusalem ad a[quels] que ara i so ni adenant i serau tot lor..... so que avio ni demandar podio e tota la honor de Trevan. E W. e Ricarth au ne mandada guirentia per bona fe..... Aquest dos sobrescriutz fo faig e ma d'en Fort Sans, que era maiestre de Vahor. Per testimoni Ram. Amiel,..... .. mar de Penna, e P. W, e Ram. Dutran, e Bernat Ugo, e P. del Vallat, e P. Sirvent. Anno ab Incarnatione Domini..... mense octobr[is], feria VI^a, Alexandro papa Rome.

XII

(1) — 1174, août. — Audiguier de Penne et sa femme cèdent au Temple représenté par le maitre de Vaour, Fort Sans, l'usage de leurs prairies, fontaines et bois situés près de l'Aveyron.

[Au]deguers de Penna e na Mandina, sa moller, donero a

(1 et 2). Déchirures du parchemin.

(3) La place qu'occupe cet acte dans le cartulaire, son objet et les noms des témoins permettent de l'attribuer à la même époque que le précédent.

(4) Cette lacune et les suivantes sont dues aux déchirures du parchemin.

Deu e a sancta Maria e als fraires del Temple de Jherusalem,
ad aquels que ara i so..... adenant i serau, e ma d'en Fort
Sans, que era maiestre de Vahor, los pasturals els abeurados
els bosch, per ou quels mo..... d'Avairo en outra. Sign. P.,
vesconte, e Ademar Ram., e W. de la Cassanna, e Ram. Dutran,
en P. Sirvent, en P. Bernat, en Maffre de Cas....., R. Masbert.
Anno ab Incarnatione Domini M° C° LXX° IIII°, mensa augus-
tus (sic).

XIII

(26) — 1174, janvier [1175]. — Goslin, prieur de Vailhourles, du
consentement de l'abbé d'Aurillac, Pierre, vend au Temple repré-
senté par le maitre de Vaour, Fort Sans, l'église de Tréban et le
domaine qui en dépend, pour 180 sous de Melgueil, et se réserve un
droit d'acapte de 12 deniers outre un cens annuel de même valeur
(1). — Publié par M. Rossignol (*Monographies*. III, p. 287).

Notum sit omnibus hominibus tam presentibus quam futuris
quod Gaucelmus, prior Valle-aurelianis, cum consilio domini
sui Petri, abbatis aureliacensis, et delz autres fraires de la
maio, donet et autorguet a Deu et a sancta Maria et alz fraires
de la maio del Temple de Jherusalem, ad aquellz que ara i so ni
adenant i serau, en la ma d'en Fort Sanz, que era maestre de la
maio de Vaor, la gleia de Trevan et la honor que s'i aperte, ou
meillz Saintz Guirals la i avia ni hom de lui, ab XII d. que i retec
d'acapte, et ab XII d. de ces cadan a Nadal. E per aquesta honor
Fort Saus et li fraire de la maio donero a'n Gaucelm CLXXX
sol. de melg. Aquest acorders fo faigz a Paris, en la maio P.
Maler. D'aizo es testimonis eis P. Malers et G. lo capellas et G.
de Nouvila et P. de Calcomer e P. del Vallat e P. de Casals de
Saint-Antoni. Facta carta ista anno ab Incarnatione Domini
M° C° LXX° IIII°, mense januarii, feria IIª, epacta XXVIª (2),

(1) Au dos : *Vous, la gleisa de Trecan*. (Ecriture du xvi° s.)

(2) Le chiffre de l'épacte prouve que le commencement de l'année doit partir
du 25 mars, selon l'usage ordinaire dans cette région.

regnante Ludovico rege, Aquest do laudet et autorguet P., l'abbas d'Aurlaig (*sic*), per bona fe senes engan, el porigue denant la sua capella, ad Aurliac, en la ma P. del Vallat, que era fraire d'eissa la maio del Temple, e d'en P. Escorgalop, que era donatz et capellas de la maio de Vaor.

XIV

(7) — 1174, février [1175]. — Guiral de La Capelle, sa femme et le frère de celle-ci abandonnent au Temple, représenté par le maître de Vaour, Fort Sans, leurs droits dans le domaine de Tréban et l'usage de leurs prairies fontaines et bois ; les Templiers s'engagent, de leur côté, à admettre parmi eux une personne de leur famille.

Conoguda causa sia a totz homes que Guirals de la Capella e Gauzensa, sa moller, et W. Bernatz, fraire de Gauzensa,..... (1) ..ero e autorguero per salvament de lor armas a Deu e a sancta Maria e als senors del Temple de Jherusalem..... (2) so ni adenant i serau tot quant avio ni demandar podio e la honor de Trevan et tot quant ac..... (3) outra, donero los pasturals els abeuradors e la splecha del bosc. E per aquest do sobredig li fraire del..... (4) devo ne recebre lo de la lor maio aquel en que tot quatre s'acordario. Aquest do fo faigz e ma d'en Fort Sans, que era maiestre de la maio de Vahor. Sign. P. Sirvent e W. Sirvent e Bernat del Fanguels e P. del Vallat. Anno ab Incarnatione Domini M° C° LXX° IIII°, mense febroari[i], feria IIII*, Alexandro papa Rome.

XV

(8) — 1175, avril. — Guillaume de La Mote et ses frères vendent au Temple représenté par le maître de Vaour, Fort Sans, leurs droits dans la paroisse de Tréban, pour 150 sous de Melgueil.

(1 à 4) Mots illisibles ou omis dans le ms.

Conoguda causa sia a toz homes que Guillem de la Mota e
Uc sos fraire et Bospars e Ram. Maurestara e Jordana, sa
moller, donero e autorguero per bona fe senes engan a Deo e a
sancta Maria e als fraires del Temple de Jherusalem ad aquels
que ara i so ni adenant i serau tot quant avio a far en Trevan
ni a la perroquia, so es saber tot aquo que Ram. Uc i avia a
far e sa vida ni hom i podia demandar per lui. E W. de la Mota
e sei fraire au ne manda[da] guirentia de totz homes e de totas
femnas. E per aquest do sobrescriut li fraire del Temple donero
lor ne C L sol. de melg., si que il sen tengro per pagat. Aquest
dos sobredig fo faig e ma d'en Fort Sans qu'era maiestre de la
maio de Vahor. Sign. Bernat Uguo e P. Sirvent e P. del Vallat
e Durant de Florimont e Adhemar del Vallat e P. Forbidor.
Anno ab Incarnatione Domini Mº Cº LXXº Vº, mense aprili,
feria IIIª, Alexandro papa Rome, Lodovicho rego.

XVI

(55) — 1175, avril. — La veuve d'Armand de Penne, Audiart, vend
au Temple représenté par le maitre de Vaour, Fort Sans, les biens
qu'elle possède à *Merle-Castel* et à *Secca-Peira*, pour 30 sous de
Melgueil ; ses fils approuvent cette aliénation.

Conoguda causa sia a totz omes que n'Audiartz, la moiller
que fo Areman de Penna, donet et lauzee et autorguet a Deu
et a sancta Maria et als fraires del Temple de Jherusalem, alz
presentz et alz avenidors, en la ma d'en Fort Sauz que era
maestre de la maio de Vaor, totas las suas terras et las suas
onors et tot quant avia a ffar del semder que mou de la roca
d'en Saborell dreit à la faurga et dreit a Maltemper, aici co sen
va per bosc Bernardene dreit a l'olm Adavac (*ou a Davac*) ad
cuintz ad Anglars, et a per nom los intrars ellz issirs elz abeu-
radors de Merle-castell. Et donet lor atressi los pasturals ellz
abeuradors de sos bosc de la strada de Secca-peira en sus vas
Bonant. Tot aquest do lauzero et autorguero sei fill Aremanz

et Ram. Beralz et Jordas et Pelfortz, a senes malafaita de laoratz, et, se i endevenia, deu esser adobada per cosseil d'u amic de la maio et d'autre de cui la mala faita seria. De tot aquest do devo esser guirent a dreit et a razo ; et per aquest do sobredig Fort Sauz donec a la dona sobredicha XXX sol. de melg., si qu'ella sen tenc per pagada, D'aizo fo testimoni Bernatz Uc et Bernatz Arnalz et Arnalz de la Roca et P. Sirventz et Ademars del Vallat et Arnalz del Fraisse. Mense aprilis, Alexandro IIIº papa Rome, Ludovico rege regnante, anno Mº Cº LXXº Vº. Petrus scripsit.

XVII

(92) — 1175, avril. — Reproduction de l'acte précédent (1).

Conoguda causa sia a totz *homes* que n'*Audiarz*, la moiller que fo Arcman de Penna, donet e *lauzet* et autorguet a Deu et a sancta Maria et als fraires del Temple de Jherusalem *presentibus et futuris*, e la ma d'en Fort *Sanz*, que era maestre de la maio de *Vahor*, totas las terras e las *honors* e tot *cant* avia a *far* del semder que mou de la roca d'en *Saborel dreg* a la faurga e *dreg* a Maltemper, aici *cum* sen va per bosez *Bernardent* a l'om a Davac *a enis vas* Anglars, et a per nom los *intrarz els* issirs els abeuradors de Merlecastel. E donet atressi los pasturals els abeuradors de sos *boscz* de la strada de *Secapeira esus* vas Bonant. Tot aquest do lauzero et autorguero sei fill *so es a saber* Arcmanz e *R. Beruls* e Jordas e Pelforiz, a senes *malafacha* de laoratz, e, se i endevenia, deu esser adobada per cosseil d'u amic de la maio e d'autre de cui *sera* la *malafacha*. De tot aquest do devo esser guirent a *dreg* e a razo. E per aquest do, *si co sobrescriut es*, Fort *Sanz* donec à la *donna* sobredicha XXX sol. de melg., si qu'ella sen tenc per pagada, D'aiso *so* testimoni *Bern*. Uc o *Bern.* Arnalz e Arnalz de la Roca e P. *Cirvens* e *A.* del Valat e Arnals del Fraisse e *P. lo capellas de Saint Pantalm*.

_____

(1) Nous imprimons en italiques les variantes.

Mense aprilis, *feria III*ª, Alexandro papa Rome, Ludovico rege
regnante. Anno Mᵒ Cᵒ LXXᵒ Vᵒ. Petrus scripsit.

XVIII

(11) — 1175, mai. — Béatrix, veuve de Mafre de Montels, aban-
donne au Temple représenté par Frère Audiguier ses droits sur le
domaine dépendant de l'église des Albis.

Conoguda causa sia a toz homes que Biatrix, la moller que fo
Matfre de Montels, donet e autorguet a Deo e a sancta Maria e
als fraires del Temple de Jherusalem, ad a[quels] que ara i so
ni adenant i serau, tota la terra e la honor que aperte a la
g[le]isa de Sancta Maria dels Albis, o mels o tenia ni o avia.
Aquest do sobredich autorguet Vᵒ Salamos et W. de la Grava.
Aquest dos fo faig e ma d'en Audeger que era fraire de la maio
del Temple. Sign. Ram. del Villar, e P. de Belpoig, e Ponso de
la Mota, e Gualart del Ga. Anno ab Incarnatione Domini
Mᵒ Cᵒ LXXᵒ Vᵒ, mense madii, feria VIª, Alexandro papa Rome.

XIX

(66) — 1175, octobre. — R. Raimondin et sa femme vendent au
Temple représenté par Fort Sans une vigne située à L'Auriol, pour
370 sous de Melgueil et avec le consentement de Jean de Fontanes
qui se réserve un droit d'acapte de 5 sous (1).

Conoguda causa sia qu'en R. Ramunda et sa moiller vendéro
et assolsero et guirpiro, per bona fe senes engan, a'n Fort Sauz
et alz autres cavallers del Temple de Jherusalem la lor vinea
d'Auriola, qui es sotz la vinea d'en W. Bonifaci et sotz la terra
de l'ospital. E donero la lor per CCCLXX sol. de melg., tota
enteirament, si co meilz la avio ni la tenio ; et covengro lor en

(1) Cet acte est a rapprocher du nº CII qui le complète.

esser guirent de totz homes et de totas femenas. E tengro se
per pagat d'aquest aver sobredig denant los testimonis que aici
meteis so escriut. Aizo fo faig per testimoni et per cossel d'en
Johan de Fontanas, de cui era la seignoria d'aquesta vinca, et
ac ne sas lauzaduras, et retenc i V sol. d'acapte quant avenra,
senes tot ces et senes tot servizi. De tot aizo fo testimoni
Stephanus Johan de Caissac, Stephanus Fabres, Petrus Bernatz,
Bernatz Donadeus, Johan Donadeus, Bernatz Dalps. Uc de
Moillac. Geraldus Bontos scripsit, anno Dominico M° C° LXX° V°,
indictione VIII°, mense octobris, Ludovico rege regnante,
Alexandro III° papa Rome.

XX

(9) — 1175, novembre. — L'abbé de Chancelade, Géraud, cède au
Temple, représenté par le maitre de Vaour, Fort Sans, ses droits sur
le lieu des Albis.

Conoguda causa sia à toz homes que aquesta carta auzirau
ligir que Guirals, l'abbas de Cancellada, ab cossel de sos
canorgues, donet e autorguet a Deo e a sancta Maria e als
fraires del Temple de Jherusalem, ad aquels que ara i so ni
adenant i serau, tot lo dreig e la raso que el ni li canorgue ni la
maios de Cancellada avio ni aver devia en aquel loc que hom
appella los Albis, ab totas las causas e ab las possessios que ad
aquest loc sobredig perteno. E Guirals, l'abbas de Cancellada,
e Guirals de la Vaisseira devo delivrar lo loc dels Albis de toz
homes et de totas femenas que no i posco demandar ni queire
lor loc ni lor formiment (1). E de tot aquest do e d'aquest acorder
mandet guirentia Guirals, l'abbas de Cancellada, e Joans de

(1) On lit bien *formiment* et non *forniment* qui est seul usité dans les
siècles suivants. — Le sens de *fornimentum* est celui de *ressources, biens
en général* (Cf. du Cange au mot FURNIRE); celui de *formimentum*, d'ac-
complissement, de satisfaction et par suite de ce qui peut servir à la subsis-
sistence et à l'entretien de tous les jours (Cf. Raynouard au mot FORMIR) : de
l'analogie de ces deux significations est résultée sans doute une confusion
dans les mots dont l'un (forniment) a survécu à l'autre.

Peiregors e Guirals de la Vaisseira als fraires del Temple de
Jherusalem, e lauseron o e la maio d'Alsona per bona fe senes
enguan. Aquest dos fo faig el pla a Penna, e la ma d'en Fort
Sans que era maiestre de Vahor. Sign. A. de Penna, e P. W.
Audegueir, e Bernat Ato, e B. Ato, e Riqueir, e Bernat Ugno, e
P. Sirvent, e Bego, lo capella, e P. del Vallat. Anno ab Incar-
natione Domini M° C° LXX° V°, mense novembri, feria III^a,
Alexandro papa Rome, Lodovico rege regnante.

XXI

(10) — 1176, avril. — Audiguier de Penne et sa femme confirment
en faveur du Temple représenté par le maitre de Vaour, Fort Sans,
l'aliénation faite par Guillaume de Penne de ses droits sur le
domaine de l'église des Albis; ils abandonnent leurs droits sur la
tenure de G. Bonafous et l'alleu de Sals ainsi que l'usage de bois ;
en échange de ces avantages, leur fils est reçu dans l'ordre du
Temple.

Causa conoguda sia à totz homes qu'en Audeguers de Penna
e sa moller Mandina donero e autorguero per bona fe, senes
engan, a Deo e a sancta Maria e als fraires del Temple de
Jherusalem, ad aquels que ara i so ni adenant i serau, tota la
terra e la honor que aperte a la gleia dels Albis tot enteirament,
ou mels ·W. de Penna lo paire de Mandina i o donet, e tot quant
avio affar de la paiscira de Peirilac entro en Ambilet, aisi co
las broas o clavo entro en Avairo, tota la tenensa G. Bonafos ;
et e l'alo de Sals o mels i es, dono la fusta del bosc ad ops de
las maios dels Albis per on que hom la fassa, e del moli del
Bosc de Murel e ffora. E per aquest do et per aquest autorgament
li fraire del Temple receubro ne Ponso, lor fil. E Audeguers e
sei effant devo captener la maio del Temple per toz temps.
Aquest do sobrescriut fo faig e ma d'en Fort Sans qu'era
maiestre de Vahor. Sign. Amel Audeger, en Bernat Ugo, e
Bego, lo capella, e P. Sirvent, e Ademar del Vallat, e P. del
Fraisse. Anno ab Incarnatione Domini M° C° LXX° VI°, Alexan-
dro papa Rome, mense aprili, feria III^a.

XXII

(15) — 1176, avril. — Riquier de Penne ratifie en faveur du Temple représenté par le maitre de Vaour, Fort Sans, et moyennant un cens de 12 deniers et 12 deniers d'arrière acapte, la donation de la métairie de Périllac faite à l'église des Albis par Gaubert de Rò.

Conoguda causa sia à loz homes que Riquers de Penna donet e autorguet à Deu e a sancta Maria e als fraires del Temple de Jherusalem, ad aquels que ara i so ni adenant i serau, la bordaria de Peirilac, laqual Gausbert de Ro donet a la gleia de Sainta Maria dels Albis, que tenia d'en P. Amel, ab XII d. de ces e ab XII d. [de] reiracapte que i rete a Paschas. E li fraire del Temple no la devo acaptar a vida d'en Riquer. Aquest do fo fag e ma d'en Fort Sans qu'era maiestre de Vahor. Sign. Amel de Penna, e Bernat de Calm, e Bernat Ugo, et Ram. Beral, e Jorda, e P. Sirvent. Anno ab Incarnatione Domini, Mº Cº LXXº VIº, Alexandro papa Rome, mense aprili, feria IIIª, Lodovico rege.

XXIII

(16) — 1176, avril. — Riquier de Penne emprunte au Temple représenté par Fort Sans 30 sous de Melgueil et engage à cet effet les 12 deniers de cens annuel qui lui sont dus par le Temple pour le domaine de Périllac.

Causa conoguda sia a toz homes que Riquers de Penna mes em pengs a'n Fort Sans e als fraires del Temple de Jherusalem XII d. cessals quel devio cadans de la bordaria de Peirillac, que fo d'en Gausbert de Ro, per XXX sol. de melgoi., de Pascha en Pascha, e, se melg. abatio, de la melor moneda que hom trairia sos pengns a Penna ; e deu esser guirens senes engan. Sign. Amel de Penna, e Bernat de Calm, e Bernat Ugo, e R. Beral, e Jorda, e P. Sirvent, e W. Andreu. Anno ab Incarnatione Domini

2

Mº Cº LXXº VIº, mense aprilis, feria IIIª, Aléxandro papa Rome, Lodovico rege.

XXIV

marthe

(13) — 1176, juillet. — Guillaume de La Roque de Puycelsi et sa femme cèdent au Temple représenté par le commandeur de Vaour, Fort Sans, tous leurs droits dans les dépendances de l'église des Albis et sur la tenure de G. Bonafous, avec l'usage des prairies, fontaines et bois qu'ils possèdent près de l'Aveyron.

Conoguda causa sia a toz homes que W. de la Rocha de Poigcelsi e Gaucelma, sa moller, donero (ad (1) e autorgero per bona fe e senes enguan a Deu e a sancta Maria e als fraires del Temple de Jherusalem, ad aquels que ara i so ni adenant i serau, senes tota retenguda que no i fero de re, tot aquo que demandar podio e la honor de la gleia de Sancta Maria dels Albis, que que demandar i poguesso, e tota la tenensa Guiral Bonafos, e tot quant avio affar de la paisera de Peirilahac entro en Ambilet, aizi co las broas o clavo entro en Avairo, els pasturals els abeuradors e las pleichas de lor bocz d'Avairo en outra. Tot aquest do sobrescriut fe W. de la Roca e Gaucelma, sa moler, e ma d'en Fort Sans qu'era maiestre de Vahor. E jure lor marves sobre sans. Sign. Ponso de Rabastencz, e Ponso de la Peira, e P. de la Rocha, e P. Abbat, et Ram. Ugo, e Ram. Bergoin, e P. del Vallat, e Bernat de Garsaleiras e Daide Faure. Anno ab Incarnatione Domini Mº Cº LXXº VIº, mense jullii et feria VIª, Alexandro papa Rome, Lodovico rege.

XXV

(70) — 1176, décembre. — Bernard Pellegri vend au Temple représenté par Fort Sans et par Jean de Nougairols une terre située au lieu dit Le Mespoulier, pour 15 sous de Melgueil.

(1) Souligné dans le ms.

Conoguda causa sia qu'en Bernatz Pellegris vendec et gurpic et assols alz fraires de la maio del Temple de Jherusalem, presentibus et futuris, la sua terra d'al Mespoler ab totz sos aperteneinz enteirament, on meillz la i avia et la i tenia ni hom de lui, si co meilz la il (1) donet Bernatz de Lazinnac, sos oncle, per la honor que il escazia davas part d'en Pellegri, so paire, e fraire d'eis Bernat de Lazinnac; laquals terra es entrel mas del Verdier el feu de Saint Peire de Capner, entro a la strada veilla de Saint Tromol; et deu lor ne esser bos guirentz a dreig de totz homes e de totas femenas, e a per nom del deime et de tota seignoria, et hazec lor aquesta guirencia en totas las suas causas enteirament. Aquesta vendezo de la sobredicha terra receup Fortsauz et Johannes de Nogairols per totz los fraires de la maio del Temple de Jherusalem, presentibus et futuris. E donero l'en (2) pretz per la terra sobredicha XV sol. de melg. ad eis Bernat Pellegri, si que sen tenc per pagatz. De tot aizo lo testimoni P. Verroilz, lo cavallers, et Bertrantz de Saint Circ et W. de Granoillet, filius Raimundi, et S. del Vallat. Anno ab Incarnatione Domini M° C° LXX° VI°, indictione VIIII², mense decembris, sub die feria II². Alexandro III° pape Rome, Ludovico rege Francorum. Petrus Artus scripsit.

XXVI

(12) — 1177, juin. — Bernard-Aton de Grésigne et sa femme cèdent au Temple représenté par Fort Sans et par Jean de Nougairols tous leurs droits sur la tenure de G. Bonafous.

Conoguda causa sia a totz homes que Bernatz At de Grahinna e sa moller Gualiana donero e autorguero per bona fe e senes enguan a Deo e a sancta Maria e als fraires del Temple de Jherusalem, ad aquels que ara i so ni adenant [i serau], tot

(1) La il pour li.
(2) L'en pour li en.

aquo que avio a ffar e la tenensa G. Bonafos, on mels el ni sos paire o tengra, e tot quant avio a ffar de la paiseira de Peirila, entro en Ambilet, aizi co las broas o clavo entre en Avairo. Aquest dos sobrescriuz fo fag e ma d'en Fort Sans e d'en Joan de Nogairol. E Bernaz At juret lo marves sobre sans, e Galiana sa moller ; e devon essor guirenz. Sign. R. Amel de Penna, e Audeger, e A. Vassal, e Ram. Dutran, e P. Sirvent, e P. del Vallat, e A. so fraire. Anno ab Incarnatione Domini M° C° LXX° VII°, mense junii, feria IIª, Alexandro papa Rome, Lodovico rege.

XXVII

(20) — 1177, septembre. — Raimond Béral vend au Temple repré-renté par le maitre de Vaour, Fort Sans, son droit de dime sur le moulin de L'Auriol, pour 40 sous de Melgueil.

Conoguda causa sia a toz homes que Ram. Berals donet a Deu e a Sancta Maria e als fraires del Temple de Jherusalem, ad aquels que ara i so ni adenant i serau, tot lo dreig e la raso que el avia ni demandar podia per si ni per autrui el moli d'Auriola ni e la paisseira, zo es a saber lo deimes. E li fraires del Temple donero l'en XL sol. de melgor. E el tenc sen per pagaz, e man-det ne guirentia de toz homes. Aquestz doz faigz e ma d'en Fort Sans qu'era maiestre de Vahor. Autorici n'Autger, en Riquer, en A. Vassal, en R. Dutran, en Pousso Baudi, en Malfre de Montels, en P. Sirvent. Anno ab Incarnatione Domini, M° C° LXX° VII°, mense septembris, feria IIª, Alexandro papa Rome, Lodovico rege.

XXVIII

(18) — 1177, novembre. — La veuve d'Armand de Penne, Audiart, et ses fils vendent au Temple représenté par le maitre de Vaour, Fort Sans, leur droit de dime sur le moulin de L'Auriol, pour 100 sous de Melgueil.

Conoguda causa sia a toz homes que n'Audiartz, la moller
que fo nArcman de Penna, e sei effant Arcmans e Pelfortz e
Ram. Berals e Jordas donero e autorguero a Deu e a sancta
Maria e als fraires del Temple de Jherusalem, ad aquels que ara
i so ni adenant i serau, tot quant avio a ffar el moli d'Auriola ni
e la paiseira, zo es assaber lo deime o mels l'i avio nil tenio. E
per aquest do sobrescriut li fraire del Temple donerol ne C sol.
de melg. Aquest dos fo faig e ma d'en Fort Sans qu'era maiestre
de la maio de Vahor. Autorici n'Autguer, en Riquer, en A.
Vassal, en Ram. Dutran, en Pouso Baudi, en Matfre de Montels,
en P. Sirvent, en P. del Vallat. Anno ab Incarnatione Domini
Mº Cº LXXº VIIº, mense novembri, sub die feria IIª, Alexandro
papa Rome, Lodovico rege Francorum.

XXIX

(19) — 1177, novembre. — Le chapelain de Penne, Begon, et le
procureur de l'église Saint-Paul de Mamiac, du consentement de la
veuve d'Armand de Penne, Audiart, et de ses fils, vendent au Temple
représenté par le maitre de Vaour, Fort Sans, leurs droits sur le
moulin de L'Auriol et sur l'église de Mamiac, pour 40 sous de
Melgueil.

Conoguda causa sia a toz homes que Bego, lo capellas de
Penna, e P. Escortgalops, que ero procurador de la gleia de
Saint-Paul de Mamiac, donero e autorguero ab cossel e ab
autorgament de nAudiart, la moler que fo d'en Arcman de
Penna e de sos effans, Arman, en Pelfort, en Ram. Beral, e
Jorda, tot lo dreig e la razo que eil avio a far el moli d'as
Auriola ni la glia (corr. gleia) de Mamiac ni e la paizeira als
fraires del Temple de Jherusalem, ad aquels que ara i so ni
adenant i serau. E donero lor ne XL sol. de melg. li sobredig
fraire, si qu'el s'en tegro per pagat. E toig aquest sobredig
mandero ne guirentia de toz homes et de totas femenas. Aquest
dos fo faig e ma d'en Fort Sans qu'era maiestre de Vahor.
Autorisci Autguer, en Riquer, en A. Vassal, en Ram. Dutran,

en Pouso Baudi, en Matfre de Montels, en P. Sirvent. Anno
Domini M° C° LXX° VII° mense novembris, feria II^a, Alexandro
papa Rome, Lodovico rege Francorum.

XXX

(d) — 1177. — Huc de Saint-Marcel abandonne au Temple repré-
senté par Fort Sans, l'usage de ses prairies, fontaines et bois

[Conoguda caus]a sia a totz homes que P. Uc de Saint Marcel
donec a Deu e a sancta Maria e als fraires del Temple de Jheru-
salem..... (1) ni adenant i serau, e ma d'en Fort Sans, los
pasturals, els abeuradors de tota sa terra et la spleita de sos...
.. (2) de deves. Autorici Ademar R. e Ram. Bego e'n Estève de
Totnac e Matfre de la Caminada e Bertolmeu e'n Isarn de Totnac.
Anno ab Incarnatione Domini M° C° LXX° VII°. Alexandro papa
Rome.

XXXI

(17) — 1177, février [1178]. — Raimond Beral et Jordain, son frère,
cèdent au Temple représenté par le maitre de Vaour, Fort Sans, pour
le prix de 30 sous de Melgueil, le tiers de la dime sur le moulin de
L'Auriol, droit que Raimonde de Lincarque et son mari tenaient
d'eux.

Conoguda causa sia a toz homes que Ram. Berals e Jordas,
soss fraire, donero a asolsero a Deu e a sancta Maria e als frai-
res del Temple de Jerusalem, ad aquels que ara i so ni adenant
i serau, lo dreig a la raso que eil avio ni demandar podio el moli
d'Auriola ni e la paisseira, zo es a saber aquo que Ramonda d'U-
carca i avia ni ella ni sos mariz de lor, so es a saber la tersa part
del deime. Aquest dos fo fag e ma d'en Fort Sans qu'era maiestre
de Vahor; e'n Fort Sans e li fraire sobredig donero lor ne XXX sol.

(1 et 2) Déchirures du parchemin.

de melg. Sign. Autguer de Penna, e Ademar de R. e Ponso Bau-
di, e Bernat Ugo, e Bego, lo capella, e P. Sirvent, e P. del Vallat.
Anno et Incarnatione Domini M° C° LXX° VII°, mense februa-
rii, feria V², Alexandro papa Rome, Lodovico rege.

XXXII

(82 *bis*) — 1178, mai. — bernard-Huc de Saint-Cirq se donne au Tem-
ple représenté par le maitre de Vaour, Fort Sans, avec ses biens
situés au nord de l'Aveyron.

Notum sit omnibus hominibus quod ego Bernatz Uc de Saint
Circ habeo donat et lauzat et autorgat meum corpus et meam
animam Deo et sancte Marie et fratribus Templi iherosolimitani
presentibus et futuris, in manu Fortis Sancii que era maestre de
la maio de Vaor ; et habeo donat atressi ipsis fratribus supradic-
tis Templi iherosolimitani presentibus et futuris meam terram
et meum honorem et totz los meus dreigz vas on quelz aia
d'Avairo en outra vas Caerci. D'atzo so testimoni P. Sirventz, et
Ademars del Vallat, et W., sos fraire, et S. Teisseire, et W.
Escortgalop. Anno M° C° LXX° VIII°, mense madii, sub die
dominica, Alexandro III papa Rome. Petrus scripsit.

D'aizo [margin annotation]

XXXIII

(3) — 1178, novembre. — [Raimond] Béral abandonne au Temple
représenté par le maitre de Vaour, Fort Sans, l'usage de ses prai-
ries, fontaines et bois.

(1)....Berals donet e autorguet a Deu e a sancta Maria e als
fraires del Temple de Jherusalem, ad aquels que ara i so ni per
adenant i serau, e ma d'en Fort Sans qu'era maiestre de Vahor,
los pasturals els abeuradors de tota sa terra e la splecha de sos
boscz, senes tota retenguda. Autorici Bernat Macip e Peire Ma-

(1) Une déchirure a enlevé quelques lettres au début.

cip e P, del Vallat e Ademar del Vallat. Anno ab, Incàrnatione Domini M° CLXXVIII°, mense novembris, sub die feria II, Alexandro papa Rome, Lodovico rege.

XXXIV

(a) — [Vers 1173-1178], avril. — Document incomplet. (1).

(1) ..... santas entro a la condomina de..... per Poig-Auriol..... Gaucelma, senes tota reteguda..... e P. del Vallat, e P. Escorgalop.... del Bosch, et Daide de Pigot..... fraires del Temple, tot quant demand..... e P. R., e R. Bego. Aquest dos fo faig en....., mense aprili, feria VI.

XXXV

(b) — [Vers 1173-1178], avril. — Raimond Amiel de Penne donne au Temple représenté par le maitre de Vaour, Fort Sans, ... (2).

Conoguda causa sia a toh homes qu'en R. Amiels de Penna donet a Deu e a sancta Maria..... que ara i so ni adenant i serau, e ma d'en Fort Sans qu'era maiestre de Vahor,..... per ja sempre senes nulla retenguda que no i fa de tota sa terra e de tota sa..... e Bernat de Penna et W. de la Cassan..... P. Sirvent e P. del Vallat e Adem....., mense agrilis, feria IIª.

XXXVI

(c) — [Vers 1173-1178]. — Amiel Vassal donne au Temple représenté par le maitre de Vaour, Fort Sans, ... (3)

(1) Cet acte et les suivants doivent se rapporter à l'une des années comprises entre 1173 et 1178, à cause des personnages cités. — Ces pièces sont transcrites sur la première peau du rouleau, partie fort détériorée.

(2 et 3) Voir la note précédente.

[Conoguda] causa sia a toz homes qu'en Amels Vassal donec a Deu e a sancta Maria e als fraires del [Temple]..... i so ni adenant i serau, e ma d'en Fort Sans, qu'era maiestre de Vahor, lo seu mas que an..... tot on miels i o a, e, se de lui dessanava senes eifant de moller, dona als sobredigz fraires..... sobrescriut. Sign. R. Amiel de Penna e Amel de Penna e Ademar Ram. e P. del Vallat. Anno ab Incarn....., mense aprilis, feria II^a, Alexandro papa Rome, Lodovico rege regnante.

XXXVII

(2) — 1178, mars [1179]. — Audiguier de Penne abandonne au Temple représenté par le maitre de Vaour, Fort Sans, l'usage de ses prairies, fontaines et bois.

[Aud]eguers de Penna donet a Deu e a sancta Maria e als fraires del Temple de Jherusalem, e ma d'en Fort Sans qu'era maiestre de Vahor .... pasturals els abeuradors de tota sa terra per on que i sia, e la splecha de sos bocz. Autorissi P. Sirvent, e Ademar del Vallat...., At e P. Forbidor, e W. de la Mota. Anno ab Incarnatione Domini M° C° LXX° VIII°, mense marcii, feria II^a, Alexandro papa, Lodovico Francorum rege.

XXXVIII

(14) — 1178, mars [1179]. — Mafre de Montels confirme en faveur du Temple représenté par le commandeur de Vaour, Jean de Nougairols, la cession faite par ses parents de droits sur le domaine dépendant de l'église des Albis et sur la tenure de G. Bonafous, moyennant 150 sous de Melgueil.

Conoguda causa sia a toz homes que Matfres de Montels donet e autorguet per bona fe e senes engan a Deo e a sancta Maria e als fraires del Temple de Jherusalem, ad aquels que ara i so ni

adenant i serau, tota la terra e la honor que aperte a la gleia de
sancta Maria dels Albis, o meils Matfres de Montels e sa maire
Biatrix i o donero ab lors parcerers e tota la tenensa Guiral
Bonafos, on mels el ni sos paire de Guiral la tene, e tot quant
avia atfar de la paiseira d'a Peirillahe entro en Ambilet, aizi co
las broas o clavo entro en Avairo, e d'Avairo en outra, per on
quels aia. Aquest dos sobescriutz e aquest autorgamens fo faig
e ma d'en Joan de Nogairol qu'era comandaire de Vaïor. De tot
aquest do mandet guirentia Matfres de Montels, e Bernatz At
del Castelnou, per so mandament de sa maire e des fraires e de
sas serors e de sos oncles e de sos amdas, per so qu'el dizia que
tot quant de Vera essa ni e la honor de Penna era vengut a sa
part. E per aquest do sobrescriut li fraire del Temple donero ne
a Matfre de Montels CL sol. de melg., si qu'el s'en te per pagaz.
Aiso fo fag per testimoni e per cossel d'en R. Am... de Penna,
e d'en Autguer, e d'en Riquer, so fraire, et d'en Amel de Penna,
e de P. Guillem, e d'en Ademar Ramon, e de Pouso B.....di,
e de Pouso de la Rocha e d'en Bego lo capella, e d'en
A. Vassal, e d'en P. Sirvent. Anno ab Incarnatione Domini M°
C° LXX° VIII°, mense marcii, feria II[a], Alexandro papa Rome,
Lodovico rege.

XXXIX

(21) --- [Vers 1177-1179,] octobre. --- Aigline et Arnaud Raimond
cèdent au Temple représenté par le commandeur de Vaour, Guiral
Bada ..., leurs droits sur la personne d'Etienne de Frauceilles et de sa
fille, pour 25 sous de Melgueil.

Causa conoguda sia a toz homes que n'Aiglina e'n Arnautz
Ramons donero en solvero a Deu e a sancta Maria e als fraires
del Temple de Jherusalem, ad aquels que ara i so ni adenant i
serau, Estove de Fracella e sa filla, tot lo dreig e la raso que i
aviu ni demandar i podio. E li fraire del Temple donero lor ne
XXV sol. de melg. Aquest dos fo fag e ma d'en Guiral Bada....
que era comandaire de Vaïor. Sign. Audeguer de Penna, e
P. Sirvent, e A. del Vallat. Anno ab Incarnatione Domini M[c]

CᵒLXXVII... (I), mense octumbris, feria IIᵃ, Alexandro papa
Rome, Lodovico rege.

XL

(31) — 1179, mars [1180]. — Le comte de Saint-Gilles, Raimond,
abandonne au Temple représenté par le Frère Fort Sans ses droits
sur Castres et ses environs, en se réservant, en guise de seigneurie,
la propriété des oiseaux de proie. — Publié par M. Rossignol
(*Monographies*. III, p. 287).

Notum sit omnibus hominibus presentibus et futuris qu'en
Ram., lo coms de Saint Geli, a donat a Deu et a sancta Maria et
als fraires del Temple de Jherusalem ad aquels que ara i so ni
adenant i serau, en la ma d'en Fort Saus, que era fraire d'eissa
la maio, aici col rius de Varra s'en passa dreig al poig que a
nom a Callsoleil, e atressi a lor donat d'a eis Callsoleil dreig tro
em Breto, et aici co la strada de Breto sen passa dreig a Cas-
tras; et a lor donat atressi eis lo coms sobredigz tog lo dreig et
la raso que a en eissas Castras et en tota la honor de Castras
per on que i sia; e a lor donat atressi aici con hom sen va de la
grainja de Cabertac entro el riu de Metz et aici col riu de Metz
sen devalla entro en Avairo, zo es a saber tot lo dreig et la razo
que eis lo coms Ram. sobredigz avia en la terra et en la honor
que sobre mentaguda es. E dintz aquellas fis que sobre scriutas
so et tot lo conquist que li fraire sobredig del Temple de Jheru-
salem poirau far dintz los decs et dintz las fis que sobre menta-
gudas so, de cui que dreig ni raso aja dintz aquellas fis, tot lor
o a donat et autorgat eis lo coms Ram. de Saint Geli, per bona fe
senes engan; eissez los austors que rete aici per scingnoria.
D'aiso sunt testes W. de Mella, et B. dels Fanguellz, que ero
veguer del comte sobredigz, e Pouz de la Peira, e G. de la Capella,
et Aremans de Castaneda, et Ram. Raters, et At. Panino (*ou
Painno*) et Bernatz dèls Fanguellz. Hoc fuit factum anno ab

(I) Une déchirure laisse supposer qu'une ou deux unités pouvaient suivre
le VII.

Incarnatione Domini M° C° LXX° VIIII°, indictione XIII³, mense marcio, Alexandro papa Rome, Ludovico rege regnante.

XLI

(68) — 1179, mars [1180]. — Pierre Rous et sa sœur cèdent au Temple représenté par Fort Sans leurs droits sur une vigne située à Montirou, pour 16 sous de Melgueil.

Conoguda causa sia qu'en Peire Ros e sa sorr na Peironella vendero et gurpiro et assolsero a'n Fortsanz et alz autres fraires de la maio de Jherusalem, ad aquell que ara i so ni adenant i serau, tot lo dreig et la razo que avio ni demandar [podio] en aquella vinea de Montiro que cil meteissi avio et tenio delz sobredigz fraires del Temple, laquals vinca es latz aquella d'en W. Fabre ; et agro ne XVI sol. de melg., si que sen tengro per pagat et covengro ne esser bo guirent a'n Fortsauz et alz sobredigz fraires de la maio del Temple a dreig de totz homes et de totas femenas ; et au plevit et jurat marves sobre saintz que ja mai re no i queiro ni i demando en neguna guia. D'aizo so testimoni Durantz Donadeus et S. de Moillac et P. de Moillac, sos fraire, et W. del Soler. Facta carta ista anno ab Incarnatione Domini M° C° LXX° VIIII°, mense marcii, feria II³, Alexandro III° papa Rome, Ludovico rege Francorum regnante. Raimundus Begonis scripsit.

XLII

(22) — 1180, avril. — G. d'Auti se donne avec tous ses biens au Temple représenté par le maitre de Vaour, Fort Sans, du consentement du comte de Saint-Gilles, Raimond. — Publié par M. Rossignol. (*Monographies*, III, p. 199).

Conoguda causa sia a toz homes que aqesta carta ausirau ligir que eu G. d'Auti doni per amor de Deu e de sancta Maria

[e per] salut de m'arma(e)als fraires del Templo de Jherusalem,
ad aquels quo ara i so ni adenant i serau, e la ma d'en Fort
Sans, que era maiestre de Vahor, mon cors e mon aver e ma
terra e ma honor e toz mos dreigz, vas hon quels aja, senes tota
reteguda que no i fas, per bona fe e senes engan. E per aquest
do sobrescriut la maios al receubut per donat. Aiso a faig G.
d'Auti ab cossel e voluntat d'en Ram., lo comte de Saint Gili,
et el meseis Guirals d'Auti an donat a testimoni G. dels Fanguels,
quo era bail...(1) del comte del castel de Brunequel, e W. Ato de
Grandina, e G. de la Capella, e Ato Panno, e P. Ro, Guill. de
Salvana, e Bernat dels Fanguels, e Bernat Durant, e W. Gaus-
bert, e W. Escorgalop, e Ram. Albaric, e Bernat de Roillac, et
Esteve de Vilars, e Bernat Bellan. Anno ab Incarnatione Domi-
ni Mᵒ Cᵒ LXXXᵒ, mense aprilis, fera VIᵃ, Alexandro papa Ro-
me, Lodovico rege.

XLIII

(23) — 1180, mai. — P. du Rieu abandonne au Temple représenté
par le maître de Vaour, Fort Sans, l'usage de ses prés, fontaines et
bois.

Conoguda causa sia a toz homes que P. del Riu donet a Deu
e a santa Maria e als fraires del Temple de Jherusalem, ad
aquels que ara i so ni adenant i serau, e la ma d'en Fort Sans,
qu'era majestre de Vahor, los pasturals els abeuradors et la
spleicha dels boscz, en tota sa terra et e sa honor a jasse per
toz temps senes reteguda, a mens de malafachas de vinas o de
blaz o de praz. E deu ne esser guirens de toz homes e de totas
femenas. E aquo a jurat sobre sans. D'aquest do sobrescriut a
mandada guirencia Vc de la Roca a Deu e a sancta Maria et als
fraires del Temple de toz homes e de totas femenas per bona fe
e senes engan. D'aiso es testimonis Arnals de la Roca, e Bertrans

(1) Les dernières lettres de ce mot sont illisibles, mais les premières per-
mettent de rétablir *baile* ou *bailes* au lieu de *beguers*, donné par M. Rossi-
gnol.

dels Elgues, e Ram. Pagas. Anno ab Incarnatione Domini
M° C° LXXX°, mense madii, feria Vª, Alexandro papa Rome,
Lodovico rege regnante.

XLIV

(24) — 1180, mai. — G. Faure et ses fils cèdent au Temple repré-
senté par le maitre de Vaour, Fort Sans, l'usage des prairies, fontaines
et bois qu'ils possèdent au sud de l'Aveyron, pour 10 sous.

Conoguda causa sia a toz homes que G. Faures et sei fil donero
per amor de Deu e per salut de lor armas a Deu e a sancta
Maria e als fraires del Temple de Jherusalen, ad aquels que
ara i so ni adaena[n]t i serau, e la|ma d'en Fort Sans que ero
maestre de Vahor, los pasturals els abeuradors e la spleicha
dels bosez en tota lor terra d'Avairo essa vas Albeges. E per
aquest do li fraire del Temple au li facha caritat de X sol.; e
devon esser guirens de toz homes. D'aiso es testimonis P. Ar-
nals e Ram., lo capellas de la Barta, e A. del Vallat. Anno Domini
M° C° LXXX°, mense madii, feria VIª, Alexandro papa Rome,
Lodovico rege regnante.

XLV

(25) — 1180, mai. — La veuve de Begon de Mordagne et ses fils
abandonnent au Temple représenté par le maitre de Vaour, Fort
Sans, tous leurs droits dans le mas du Verdier, avec l'usage de leurs
pairies, fontaines et bois.

Conoguda causa sia a toz homes que Sebelia dels Elgues, la
moler Bego de Maurdana, e ssei effant donero e asolsero, per
bona fe senes engan, a Deu e a sancta Maria e als fraires del
Temple de Jherusalem, ad aquels que ara i so ni adena[n]t i
serau, e la ma d'en Fort Sans, qu'era majestre de Vahor, tot lo
drelg e la raso que avio ni demandar podio el mas del Verdier e

toz los demans que far podio e la maio ni als fraires a tort ni a
dreig, e tota lor terra, los pasturals els abeuradors e la splei-
cha dels boez. E d'aiso devo esser guireng a la maio de toz ho-
mes [et] de totas femenas a dreig ; e aco a jurat sobre sans Gui-
rals dels Elgues et Bertrans, sos fraire, e Sebelia, lor maire.
D'aquest do sobrescriut a mandada guirentia a la maio Ram.
Amels de Pena de toz homes et de totas femenas per mandamen
d'en G. dels Elges e de Bertran, so fraire ; e P. de Censelas e
Pous, sos fraire, au ne mandada guirentia de lor poder a la
maio senes engan. D'aiso es testimonis Amels Vassals e A.
Ram. e W. de Ro e Peire Amel e G. Escorgalops (1) et Ademars
del Vallat et R. de Las. Mᵒ Cᵒ LXXXᵒ, mense madii, feria IIIᵃ,
Lodovico rege regnante.

XLVI

(70) — 1180, mai. — P. de Montagut, Bernard Armengau et Guil-
laume Tondut abandonnent au Temple leurs droits sur un empla-
cement de maison attenant au four du *barri* de Montagut et sur un
jardin au même lieu.

In nomine Domini nostri Jhesu Xristi. Eu P. de Montagut et
eu Bernatz Ermengaus et eu W. Tondutz donam et donan
autorgam Deo et a sancta Maria et alz fraires del Temple de
Jherusalem, ad aquellz que ara i so ni adenant i serau, tot lo
dreig et la razo que aviam el logal ques te ab la maio del forn
del barri de Montagut e l'ort que Daide Regortz tenia de nos
que es latz lo riu et latz la via et avem ne mandada [guirentia]
de totz homes et de totas femenas, per bona fe, senes engan.
Aquest do sobrescriut feiro P. de Montagut et Bernatz Ermen-
gaus et W. Tondutz, en ma d'en W. de la Cavallaria, et d'en P.
Costanti, et d'en P. del Vellat, per totz temps, et senes nulla
retenguda que no i feiro. Sign. Bertran de Montagut, et W. de
Dausat, et R. Ameil. et R. de la Illa, et R. de Montagut. Sign.
R. de Malafalqueira et Bernat Ugo. Anno ab Incarnatione Domini

(1) Là se termine la partie du rouleau due au premier scribe.

Mᵒ Cᵒ LXXXᵒ, mense madii, sub dia feria VIᵃ, Alexandro IIIIᵒ papa Rome, Ludovico rege regnante. Bernardus scripsit.

XLVII

(27) — 1180, octobre. — Huc de Saint-Marcel cède au Temple représenté par le maitre de Vaour, Fort Sans, tous ses droits dans le domaine de Tréban et les dépendances de l'église de ce nom.

Conoguda causa sia a totz homes qu'en P. Uc de Saint Marcel a donat et assout et gurpit a Deu et a sancta Maria et alz fraires del Temple de Jherusalem, ad aquels que ara i so ni adenant i serau, en la ma d'en Fortsaus que era maestre de la maio de Vahor, tot quant querre ni demandar podia ell ni hom ni femena per ell en tota la honor de Trevan ni en tot quant a la gleia de Trevan s'aperte, senes tota retenguda, per bona fe, senes engan. Aquest dos et aquest assouts fo faigz sotz l'olm a Totnac. Per testimoni G. d'Autmont et Ademar Ram. et R. Bego, et Matfre de la Caminada et A. del Bosc, R, de la Treilla, et P. Amat. Anno ab Incarnatioue Domini Mᵒ Cᵒ LXXXᵒ, mense octobris, feria Vᵃ, Alexandro IIIᵒ papa Rome.

XLVIII

(20) — 1180, décembre. — Aigline, fille d'Amiel Audiguier, du consentement de son mari, Armand Raimond, et pour le repos de l'âme de ses parents, donne au Temple représenté par le maitre de Vaour, Fort Sans, les biens qu'elle possède vers la combe de *Cervinols* (1).

Notum sit omnibus hominibus presentibus et futuris que n'Aiglina, que fo filla Ameil Audeguer, a donat, per la amor de Deu et per salut de l'arma de so paire et de sa maire e do la sua

(1) Au dos du parchemin : *Sarcinhols* (Ecriture du xvlᵉ s.)

meteissa, a Deu et a sancta Maria et alz fraires del Temple de
Jherusalem, ad aquelz que ara i so ni adenant i serau, en la ma
d'en Fortsauz, que era maestre de la maio de Vaor, la sua terra
et la sua honor et tot quant avia a ffar de la comba de Cervinols
adenant vas la maio de Vaor, aici co la via sen va d'a Socorriu
entro el poig d'Alic, et d'aqui sen deissen la comba de Vangnas
capval entro el riu, et aici co aquest rius sobredigz ni la comba
sen poja capsus entro en la strada d'al col de Cervinols, et aici
co la strada s'en va entro la crotz alz Pissolers. Aici co [a]ques-
tas fis o enclavo ad euinz a donada Aiglina aquesta terra et
aquesta honor tota on meillz la i avia per bona fe, senes enga...
Aquest do lauzet et autorguet nArnautz Ram., lo maritz de
n'Aiglina, per bona fe, senes engan, a Deu et a sancta Maria et
als fraires del Temple, alz presentz et alz avenidors. D'aizo so
testimoni W. de Penna, W. de la Mota, e P. Sirventz et Ademars
del Vallat et Durantz del Fraisse et Daide del Capmas et G.
d'Alic et Uc, sos fillz, et P. lo capellas de Vaor que aquesta
carta escrius. Anno ab Incarnatione Domini M° C° LXXX°,
mense decembr., feria III², Alexandro III° papa Rome, Philippo
rege regnante.

XLIX

(40) — 1180, décembre. — Béatrix, sœur de Bernard de Penne, du
consentement de son mari, Guillaume de *Merlana*, ratifie l'acquisi-
tion du tiers de la dime à Saint-Pantaléon faite par le Temple
auquel elle abandonne, en outre, l'usage de ses pâturages, fontaines
et bois.

Conoguda causa sia a totz homes que eu Biatritz, sor de
Bernat de Penna, laudo et autorgui, per bona fe, senes engan,
a Deu et à sancta Maria, et allz fraires del Temple de Jherusa-
lem, alz presentz et alz avenidors, tot quant Fortsautz et li fraire
del Temple et la maios de Vaor teno et au tengut et conquist en
la delmaria de Saint Pantalm, zo es a saber la terza part del
delme que li fraire sobredig del Temple au conquista d'en Ato

Guirbert ; et donam atresi alz sobredigz fraires del Temple los
pasturals ellz abeuradors e la splecha delz boscs en totas nos-
tras terras et e nostras honors vas on que las ajam a jasse per
totz temps. Aquest do sobredig lauzet et autorguet W. de Mer-
lana, lo maritz na Biatritz, per bona fe senes engan, a Deu et a
sancta Maria et alz fraires del Temple de Jherusalem ad aquellz
que ara i so ni adenant i serau. Aquest dos sobrementagutz fo
faigz et autorgatz a Bell, en la maio d'eis W. de Merlana.
D'aizo es guirentz et testimonis Pous de Bellfort et Bernatz del
Broil et Armanz de la Vaor (?) et P. Botetz et Bernatz del Soler.
Anno M° C° LXXX°, mense decembris, feria II², Alexandro III°
papa Rome, Ludovico rege regnante (1).

L

(39) — 1180. — Bernard de Penne ratifie l'acquisition faite par le
Temple du tiers de la dime à Saint-Pantaléon.

Conoguda causa sia a totz homes que eu Bernatz de Penna ei
donat et autorgat per bona fe senes engan a Deu et a sancta
Maria et alz fraires del Temple de Jherusalem, ad aquelz que
ara i so ni adenant i serau, totz los conquistz que li fraire del
Temple sobredig au faig d'en Ato Guirbert el deime de Saint
Pantalm, zo es a saber la terza part del deime de Saint Pantalm,
salva ma diceitura quant s'i escaira. D'aizo so testimoni eissi
aqueig prohome sobrescriut. Anno M° C° LXXX°.

LI

(78) — [Vers 1180]. — Sentence arbitrale fixant les droits respec-
tifs du Temple et de Guillaume de La Tour sur les fours de Monta-
gut (2). — Publié par M. Rossignol (*Monographies*. III, p. 285).

(1) Erreur du scribe : Louis VII était mort le 18 septembre.
(2) En tête de l'acte : *Montagut près la Yta* (Ecriture de la fin du XIVᵉ

Notum sit tam presentibus quam futuris quod omnes milites de Montagut, excepto Guillelmo de La Torr, constituerunt et constituendo donaverunt et concesserunt [pro] redemptione peccatorum suorum Deo et beate Marie et militibus Templi de Jherusalem furnos castri de Montagut, quod et ipsi et omnes homines illorum, exceptis propriis hominibus Guillelmi de Latorr, coquerent panem suum in furnis quos milites Templi habent in castro de Montagut. Quod, cum raciotinatum esset et cognitum in presentia W^{ml} de Causac et Stephani de Montevalrano et Atonis Guirberti et Petri de Montagut et aliorum multorum, predictus Stephanus et Guillelmus de Causac judicaverunt quod omnes homines militum castri de Montagut, exceptis propriis hominibus Guillelmi de Latorr, coquerent panem suum in furnis quos milites Templi habent in castro de Montagut. Item judicaverunt quod fornarius Guillelmi de la Torr vel aliquis nomine illius non mandet homini alicui de castro facere panem nec abstrahat panem domo alicujus nec deferat ad furnum Guillelmi de la Torr, nisi sit panis propriorum hominum Guillelmi de La Torr. Item judicaverunt quod si forte aliquis deferret panem suum ad furnum Guillelmi de la Torr vel faceret deferre alicui homini, quod milites Templi vel nuncius eorum haberent potestatem contradicendi et accipiendi et auferendi panem illum, nisi in domo furni esset Guillelmi de la Torr ; sed, quamdiu erit in domo furni, milites Templi vel nuncius eorum non habeant licentiam auferendi panem illum, sed, postquam panis abstractus fuerit de domo furni Guillelmi de la Torr, habeant potestatem milites Templi vel nuncius eorum accipiendi et auferendi panem illum.

LII

· (28) — 1180, février [1181]. — P. Raimond de *Dogegs* se donne avec tous ses biens au Temple représenté par le maître de Vaour, Fort Sans.

ou du XVe s.) — La date manque et a été empruntée par M. Rossignol à la pièce qui suit celle-ci dans le ms.

Conoguda causa sia a totz homes que eu P. Ramuns de
Dogegz doni et laudi et autorgui per la amor de Deu et per salut
de m'arma a Deu et a sancta Maria et alz fraires dol Temple de
Jherusalem ad aquelz que ara i so ni adenant i serau, en la ma
d'en Fortsauz, que era maestre de la maio de Vaor, mo cors et
ma terra et ma honor et totz mos dreigz vas on quelz aja, per
bona fe senes engan. Et per aquest do Fortsauz e li fraire de la
maio au lo receut per donat et per fraire d'eissa la maio. D'aquest
do sobredig so guirent et testimoni W. de Causac, Ram. At et
Ram. W. Frotardz et Garsias de Grimusso et P. lo capellas de
Vaor que aquesta carta escrius. Anno ab Incarnatione Domini
M° C° LXXX°, mense februario, feria II*, Alexandro III papa
Rome.

LIII

(37) — 1180, mars [1181]. — Sentence arbitrale d'après laquelle,
contre les prétentions des héritiers de Mafre A., le Temple est re-
connu être en possession de la dîme de Saint-Pantaléon depuis 40 à
60 ans. — Publié par M. Rossignol (*Monographies*. III, p. 283).

Notum sit omnibus hominibus tam presentibus quam futuris
qu'en Ademar Ram. et na Sebelia, sa moiller, agro plaig ab los
fraires de la maio de Vaor, et lo plaig en conoissenza d'en Autger
et d'en Bernat Arnal, el plaigz fo aitals. Ademars Ram. dizia et
razonava que la maios de Vaor era en la deimaria de Saint Pan-
talm, qui que la tengues ni la agues la devia tener delz effantz
d'en Matfre A., et era vers que na Sebelia fo filia d'en Matf.
Ameil et per aco A. R. et na Sebelia sa molher demandavo lo
deime del cors de la maio de Vaor et de las terras que la maios
tenia ni fazia en la deimaria de S. Pantalm, et per aital razo que
anc li fraire del Temple de Jherusalem ni li abitador de la maio
de Vaor no conqueregro ni om per lor aquest deime sobredig
d'en Matfre A. ni de na Sebelia sa filia. Li fraire de la maio de
Vaor dizio et razonavo quel deime de la lor maio el deime de
las terras que tenio et avio en la deimaria de S. Pantalm avio

tengut et agut francament en be et en patz et senes totz anpars
de XL ans entro e LX, et per aquo A. R. ni na Sebelia sa moiller
no lor i podio re demandar ni querre par razo ni per dreig ; et
donero ne per prova W. de la Cavallaria et Durant de Trevan lo
capella et S. Johan et Audeguer et Ugo del Cusol et S. de Frau-
ceilla et S. W. et G. d'Alic et Bernat Grimal. Et d'ambas partz,
auzidas lor razos et los provas, Augers de Penna et Bernatz
Arnals julgero et dissero que li abitador de la maio de Vaor
tenguesso et aguesso tot quant A. R. et na Sebelia sa moiller
lor demandavo par deime de Saint Pantalm si que ja eil ni hom
ni femena per lor re no lor i posco querre ni demander d'aici
enant. Aquestz lauzamentz sobrescriutz fo retraigz a Penna al
vallat, ad auzenza Durant Oeiller que era comandaire de Vaor
et d'en A. R., per testimoni d'en Ameil de Penna et d'en Aude-
guer e d'en Riquer et d'en Ameil Vassal et d'en Ram. Odo et
d'en P. Sirvent, et d'en W. Andrieu et d'en W. del Vallat et d'en
Ademar et d'autres moutz. Anno ab Incarnatione Domini
Mᵒ Cᵒ Lᵒ XXXᵒ, mense martii, Alexandro IIIᵒ papa Rome, Phi-
lippo rege regnante, Bernardus scripsit.

LIV

(30) — 1181, avril. — G. de La Roque cède au Temple représenté
par le maitre de Vaour, Fort Sans, l'usage de tous ses pâturages,
fontaines et bois.

Conoguda causa sia a totz homes que G. de la Roca dona et
autorga per bona fe, senes engan, a Deu et a sancta Maria et
alz fraires del Temple de Jherusalem ad aquels que ara i so ni
adenant i serau, en la ma d'en Fortsauz, que era maestre de la
maio de Vaor, los pasturals elz abeuradors et la splecha delz
boscs ad ops dellz pastors e de las cabanas en totas sas terras
et en sas honors vas on que les aja, senes malafaita de vineas e
de blatz, et, se aquella s'i endevenia, deu esser adobat per
conoguda d'u amic de la maio et d'aquell de cui la malafaita
seria. D'aquest do sobredig a mandada guirentia G. de la Roca

alz sobredigz fraires del Temple de totz homes et de totas
femenas, per bona fe, senes engan. D'aizo so testimoni Ameilz
de Penna et Matfres de Monteilz et Bernatz At de Gradina et
P. de la Roca, W. Andreus et P. Sirventz, W. Escorgalops et
Ademars del Vallat. Anno ab Incarnatione Domini Mº Cº LXXXº
Iº, mense aprilis, feria IIIª, Alexandro IIIº papa Rome.

LV

(32) — 1181, avril. — Accord conclu entre Fort Sans, maître de
Vaour, Durand OEiller, commandeur du dit lieu, et P. del Vallat,
tenancier des Albis, d'une part, et le fils de P. de Penne, Guillaume
de Salvagnac, d'autre part : celui-ci reconnaît avoir cédé au Temple
ses droits sur les Albis et sur la tenure de G. Bonafous, avoir
confirmé la cession de tous droits sur le moulin de L'Auriol faite par
son père et avoir abandonné l'usage de ses pâturages, fontaines et
bois, le tout moyennant 50 sous de Melgueil et la restitution d'un
gage de 100 sous qui grevait la métairie d'Ambialet (1).

Notum sit omnibus hominibus presentibus et futuris qu'en
W. de Salvainnac, lo fillz que fo d'en P. de Penna, el plaig que
avia ab Fortsauz et ab los fraires del Temple de Jherusalem,
zo es a saber ab Durant Ociller, que era comandaire de Vaor, et
ab P. del Vallat, que era teneire de la honor delz Albis, que i
ero per mandament d'en Fortsauz, en la ma d'en Ameil de Penna
e d'en Audeguer e d'en Bernat Arnal, venc ad acorder et a fi ab
eisses los fraires del Temple. E l'acorders et la fis fo aitals que
eis W. de Salvainnac reconoc et autorguet et affermet, en eis lo
plaig, que ell avia donat et assout, per bona fe, senes engan, a
Deu et a sancta Maria et alz fraires del Temple de Jherusalem,
ad aquell que ara i so ni adenant i serau, en la ma d'en Fortsauz,
que era maestre de la maio de Vaor, tot quant querre ni deman-
dar podia per alcuna razo ni per alcuna guisa senes retenguda
eis W. de Salvainnac, ni hom ni femena per lui, en tota la honor

---

(1) Au dos du parchemin : *Limittes des Albis, puira fijuaroso.* (Ecriture
du xvᵉ s.)

delz Albis ni en tota la honor que fo d'en G. Bonafos ni en tot quant Fortsauz ni li fraire del Temple avio conquist ni tenio en aquesta honor sobredicha delz Albis ni en la honor que fo G. Bonafos, zo es a saber, tot aici co las fis o demostro et o departo de las crotz adenintz entro en Avairo, e zo es a saber de Peira Figairosa entro en la boria d'Ambilet. E de tot aquest do sobredig promes guirentia eis W. de Salvainnac a dreig de totz homes e de totas femenas a Deu et a sancta Maria et alz fraires del Temple de Jherusalem presentibus et futuris. Et, en eis lo plaig sobredig, reconog eis W. de Salvainnac et autorguet et affermet ad cisses los fraires del Temple de Jherusalem lo do qu'en P. de Penna, sos paire, fetz a Deu et a sancta Maria delz Albis d'aco que avia el moli d'Auriola, on meilz anc P. de Penna fetz aquest do sobredig. Et, eis lo plag, reconoc et autorguet et affermet eis W. de Salvainnac que el avia donat a jasse per totz temps a'n Fortsauz et alz fraires del Temple presentibus et et futuris los pasturals elz abeuradors ad ops de lor bestias et la splecha de sos bosc ad ops de lor pastors et de lor cabannas en totas sas honors, vas on que las aja ni las tenga, eis W. de Salvainac, senes malafaita do vineas e de blatz e de pratz, et, si malafaita s'i endevenia que sia adobada per cosseil d'u amic d'eissa la maio del Temple et d'u autre d'aquell meteis a cui la malafacha seria faita. Tot aizo, sicut suprascriptum est, fuit factum a Penna, denant la maio de lor del Vallat, videntibus et audientibus Amelio de Penna et Audeguer et Ram. Ameil et Auguer et Riquer et Bernat de Penna et Ameil Vassal et Pouz Abbas et Matf. de Monteilz et Bernat At et P. Sirvent et W. Andreu et Ademar del Vallat. Et sit notum qu'en Fortsauz et li fraire del Temple sobredig donero CL sol. de melg. ad eis W de Salvainnac sobredig, si que el sen tene per pagatz, zo es a saber que a lui meteys paguero L sol. et assolscro li C sol. de melg. que avio per nom de pignora en la boria d'Ambilet que sos paire i avia lauzatz per so forniment. Anno ab Incarnatione Domini M° C° LXXX° I°, mense aprilis, sub die feria III*, Alexandro III° papa Rome, Philippo rege regnante.

LVI

(33) — 1181, mai. — La veuve de Sicard de La Tour et ses fils cèdent au Temple l'usage de tous leurs pâturages, fontaines et bois et l'un d'eux est admis comme Frère dans le dit ordre.

Conoguda causa sia a totz homes que aquesta carta auzirau legir que na Sebelia, la moiller que fo d'en Sicard de la Torr, et P. Folc, sos filz, et G. de la Torr et Folc, sos fraire, au donat et assout et gurpit, per bona fe, senes engan, a Deu et a sancta Maria et al Temple de Jherusalem et alz fraires que ara i so ni adenant i serau, en ma d'en W. Ato, que era fraire de la maio sobredicha, los pasturals elz abeuradors et la splecha delz bosc ad ops delz pastors et de las cabannas en totas lor terras e lor honors vas on que las ajo a jasse per totz temps. E, per aquest do sobredig, Fortsauz et li fraire de la maio au receubut per donat et per fraire Sicard lo fill de na Sebelia. Sign. Ram. Bernat de la Guepia et R. Ameil et W. de la Garriga et S. de Paillairols et W. del Soler (?). Anno ab Incarnatione Domini M° C° LXXX° I°, Alexandro III° papa Rome, mense madii, sub die feria III^a, Philippo rege regnante.

LVII

(102) — 1181, mai. — Le chapitre de Saint-Antonin, par le ministère de son prieur, Etienne, cède au Temple représenté par le maître de Vaour, Fort Sans, tous ses droits dans les paroisses de Castres, de Saint-Laurent de Maynet et de Montricoux, se réservant comme preuve de suzeraineté un droit d'acapte d'un morabotin d'or, sans compter la dime de toutes céréales dont les Templiers feront porter la moitié à Saint-Antonin à leurs frais. Pour assurer la bonne exploitation des terres soumises à cette dime, le Temple devra avoir dix paires de bœufs au moins ; de plus, les églises sus dites seront convenablement entretenues et le prieur pourra faire prendre dans les bois concédés les matériaux nécessaires aux bâtiments de

l'église et du monastère de Saint-Antonin ou de l'église et des mai-
sons de Sallet. — Publié par M. Rossignol (*Monographies*. III, p. 288).

In nomine Domini. Notum sit omnibus hominibus quod
Stephanus, prior ecclesie Sancti Antonini, et universum capitu-
lum ejusdem ecclesie donaverunt et concesserunt et absolve-
runt et tradiderunt beate Marie et presentibus atque futuris
fratribus Templi et milicie de Jherusalem, in manu Fort Sancii,
qui erat minister et unus magister domus Templi de Jherusa-
lem, totum suum jus et drictum et totam racionem, quod jus et
quod drictum et quam racionem habebant aliquo modo vel
tenebant vel aliquis vel aliqua ab eis vel pro eis vel habere vel
tenere videbantur predicta scilicet ecclesia sancti Antonini et
predictus prior et universi fratres ipsius ecclesie, in illis eccle-
siis et earum parochiis et mansis et molendinis et molendinari-
bus et paxeriis et ripis et aquis et in aquarum cursibus et
fontibus et rivis et terris sive fertilibus sive sterilibus cultis
et incultis, et pratis et pascuis et silvis et nemoribus et in
eorum omnium pertinentiis que omnia in hac carta sub
memorantur, scilicet prout melius et plenius et perfectius ea
omnia cum omnibus pertinenciis suis et cum omnibus finibus
suis vel terminis in hac carta et commemorata et conscripta
sunt, vel per nomina vel per aliquod signum intelligi possunt ;
videlicet in ecclesia que vocatur Castras et in omni parochia
sua et in omni universitate sua et in omni honore suo et in
omnibus pertinenciis suis et in omnibus finibus ; et in ecclesia
que vocatur Mairessi et in omni universitate sua, et in omni
parrochia sua et in omni honore suo et in omnibus pertinenciis
suis et in omnibus finibus et terminis suis, et in illo molendinari
quod vocatur Guiraudenc ; et in ecclesia que vocatur de
Montricolf et in omnia parrochia sua et in omni universitate sua
et in omni honore suo et in omnibus pertinenciis suis et in
omnibus finibus et terminis suis et in molendino de Montricolf
et in paxeria et in omnibus pertinentiis suis. Hec omnia, prout
melius et plenius atque perfectius commemorata atque cons-
cripta sunt vel per nomina vel per aliqua signa intelligi possunt
et instrumenta et cartas de illo jure et de illis possessionibus et
honoribus predictus prior et universi fratres ecclesie Sancti

Antonini donaverunt et concesserunt et absolverunt et tradide-
runt beate Marie et presentibus atque futuris fratribus Templi et
militie de Jherusalem in manu Fort Santii, magistri, sicut supra
scriptum est. Et ipsa predicta ecclesia Sancti Antonini et prior
supradictus et universi fratres ejusdem ecclesie debent esse
guirenti et auctores de omnibus hominibus et feminis ad drictum
supra nominato Fort Santio et fratribus Templi presentibus et
futuris de tota universitate illa supra memorata, et de illis
honoribus et possessionibus supradictis et de illo. . . . . (1) in eos
translatum est. Et ipsa predicta ecclesia Sancti Antonini et
prior predictus et universi fratres ejusdem ecclesie Sancti
Antonini nominatim et expressim retinuerunt sibi, ad recogni-
cionem dominii, perpetuo jure, unum marabotinum puri auri
pro acaptatione in universis terris et honoribus et possessionibus
superius comprensis et suprascriptis ; et retinuerunt similiter
nominatim et expressim sibi, perpetuo jure, in ipsis omnibus
atque universis terris et honoribus et possessionibus superius
comprensis et suprascriptis omnes decimas et omne jus et
proventum omnium decimarum frumenti et annone et omnium
leguminum quecumque provenerint et colligi poterunt ex
omnibus terris et ex omnibus honoribus et possessionibus
superius comprensis et suprascriptis, scilicet sine distinccione
et differencia, quicumque sint illi et undecumque sint, qui
terras illas et honores et possessiones illas sepe dictas labora-
verint et excoluerint, et de nullis aliis rebus, scilicet nec de
vindemia nec de fructibus arborum nec de ortis, nec de lino
nec de animalibus ullis nec de molendinis, quia ea ad feudum
francum donaverunt, nec de eorum proventibus habebunt nec
petent decimas vel jus vel proventum decimarum ex omnibus
terris et honoribus et possessionibus superius comprensis et
supradictis, quum scilicet sic fuit nominatim actum et com-
prensum et in pactionem atque convencionem deductum inter
priorem predictum et canonicos ecclesie Sancti Antonini et
Fort-Santium et fratres Templi de Jherusalem. Inter ipsos et
omnes fuit facta specialiter talis pactio atque conventio ut
fratres Templi de Jherusalem presentes et futuri suis expensis

(1) Un ou deux mots sont effacés dans le ms.

et suo periculo faciant apportari annuatim usque in villam Sancti Antonini medietatem omnium decimarum frumenti et annone et leguminum quecumque provenerint et collecti et excusse fuerint ex omnibus terris et honoribus et possessionibus superius comprensis et supradictis; aliam vero medietatem ipsarum omnium decimarum faciant sibi apportari suis expensis et suo periculo prior et canonici ecclesie Sancti Antonini; sed tamen in ipsa illa medietate omnium ipsarum decimarum debent ipsi fratres de Jherusalem praesentes et futuri adhibere diligentiam et bonam fidem ut eam diligenter atque fideliter custodiant quamdiu penes ipsos fuerit atque tueantur ad utilitatem ecclesie Sancti Antonini et prioris et fratrum et canonicorum ejusdem ecclesie. Specialiter etiam atque firmiter in pactionem et convencionem fuit deductum inter supradictum Fort Santium et fratres Templi et priorem predictum et fratres et canonicos ecclesie Sancti Antonini ut in terris et honoribus et possessionibus superius comprensis et supradictis, in illis videlicet que in totum et in solidum et pleno jure et absque omni abstractione pertinebant ad supradictam ecclesiam Sancti Antonini, Deo volente, ipse Fort Santius predictus et alii fratres Templi presentes et futuri in perpetuum semper et continue habeant et teneant, bona fide ex utraque parte et sine fraude, ad minus X paria boum aratoriorum cum suo necessario apparatu, qui scilicet boves, id est X paria boum, in illis terris et honoribus et possessionibus agrorum culturam peragant et rurestre opus ad frugum procurationem exerceant. De pluribus vero bovibus aratoriis ultra pretaxatum numerum ab ipsis habendis et tenendis in predictis terris et honoribus et possessionibus, hoc est positum in arbitrio et voluntate predicti Fort Sancti et fratrum Templi presentium et futurorum et non fuit in obligationem deductum. Sed tamen plano intellectui et illud relictum est ut quotquot boum paribus illas terras et honores et possessiones supradictas laboraverint et excoluerint supradicti fratres Templi de Jherusalem presentes et futuri, de omnibus redant decimas predicte ecclesie Sancti Antonini et priori et canonicis ejusdem ecclesie presentibus et futuris, sicut et superius conprensum est. Specialiter quoque atque firmissime in pactione atque conventione fuit hoc deductum inter predic-

tum priorem et canonicos ecclesie Sancti Antonini et supra
nominatum Fort Sancium et fratres Templi ut scilicet ipse
Fort Santius et fratres Templi de Jherusalem presentes et futuri
supra nominatas ecclesias, scilicet Castras et Mairessi et
Montricolf, bene constructas, honesto cultu, necessario apparatu,
congruo ornatu, teneant, et in ipsis ecclesiis divina officia more
ecclesiastico et ritu catholico celebrari faciant, et pro hisdem
ecclesiis jura episcopalia ipsi agnoscant. Predictus etiam prior
et canonici et fratres ecclesie Sancti Antonini specialiter
retinuerunt sibi fustam semper et in futurum bona fide neces-
sariam ad edificationem et restaurationem ipsius ecclesie Sancti
Antonini et claustrorum suorum et propriarum domorum et
officinarum suarum et similiter ad edificationem et restaura-
tionem ecclesie de Sallet et propriarum domorum de Sallet, in
nemoribus illis que nemora ab ipso priore et canonicis ecclesie
Sancti Antonini in hac supra scripta donatione fuerunt donata
atque translata et transcripta in predictum Fort Santium et in
alios fratribus Templi de Jherusalem.

Hec omnia, prout melius suprascripta sunt et bono intellectu
et bona fide intelligi possunt, fuerunt pertractata et acta et
recitata et hec carta laudata in claustro Sancti Antonini, testibus
adhibitis et vocatis Guillelmo Guirberto et Johanne de Fontanis
et Berengario de Fontanis et Bernardo Frotardi et Petro
Bernardi et Raimundo Folcone et Geraldo Guillelmi et Petro
Guirberti et Guillelmo de Caissac et Ugone de Moillac et Petro
de Moillac et Stephano, fratre ejus, et Persia qui hanc cartam
scripsit. Anno ab Incarnacione Domini nostri Jhesu Xristi
M° C° LXXX° I°, indictione XIIIIª, mense madio, Alexandro III°
papa Rome, Philippo rege Francorum regnante. Ego Persia
scripsi in hac carta nomina quorumdam canonicorum, speciali
mandato ipsorum, qui canonici tunc temporis huic subscripte
donationi auctores fuerunt, scilicet Geraldus Donadei, Petrus de
Testatz, Raimundus Otonis, Petrus de Castras, Martinus came-
rarius, Raimundus de Ponte, Petrus Macips, Rotbertus
Ademarius de Fontanis, Raimundus de Fontanis, Guiraldus
Alamanni sacrista, Gasto, Poncius Atonis, Poncius de Paris,
Wus Garsias, Petrus Rex, Bernardus Stephani Johannis, Ber-
nardus Bonustos. Ego Persia, pro priore et canonicis suprascrip-

tis subscripsi. A, B, C, D, E, F, G, H, I, K, L, M, N, O, P, Q,
R, S, T, V.

LVIII

(42) — 1181, 2 février [1182]. — P. de *Prat-Bernou* et ses frères
cèdent au Temple, Fort Sans étant maître de Vaour, l'usage de leurs
pâturages, fontaines et bois situés au sud de l'Aveyron, pour la som-
me de 50 sous de Melgueil.

Conoguda causa sia a totz homes, ad aquellz que ara so ni
adenant serau, qu'en P. de Prat Berno et sei fraire S. et Vidals
au donat et assout, senes tota retenguda, per bona fe, senes
engan, a Déu et a sancta Maria et allz fraires del Temple de
Jherusalem, ad aquellz que ara i so ni adenant i serau, en
aquell temps qu'en Fortsauz era maestre de la maio de Vaor,
los pasturals ellz abeuradors ad ops de lor bestias et la splecha
de lor bosc, ad ops delz pastors et de las cabannas en totas las
terras et en las onors vas on que las ajo d'Avairo en outra vas
Albejes, a mentz de malafaita de laorat ; et s'aquella s'i endeve-
nia, deu esser adobat per cosseil d'u amic lor et d'autre de la
maio. Aquest do au donat et gurpit a jasse per totz temps allz
fraires sobredigz del Temple de Jherusalem, et devon esser
[guirentz] de totz homes et de totas femenas et aco au plevit et
jurat sobre saintz. Et per aquest do li fraire de la maio, zo es
saber P. del Vallat et W. Calvs, que aquest do preiro et receubro,
au lor donatz L sol. de melg., si que sen tengro per pagat.
D'aizo so testimoni Arnalz de la Roca, P. Rotguers et S. de
Plannolas et Raines Zabaters et Daide del Capmas et P. del
Fraisse. Anno M° C° LXXX° I°, mense februar., in dio Purifica-
tionis sancte Marie, Lucio papa Rome, Philippo rege regnante.

LIX

(35) — 1182, avril. — Le vicomte de Saint-Antonin, Frotard, et son
frère, Sicard, ratifient pour le passé et l'avenir toutes les acquisi-

tions du Temple représenté par le maître de Vaour, Fort Sans, et lui concédent l'usage de leurs pâturages, fontaines et bois, en échange de 300 sous de Melgueil.

Conoguda causa sia a totz homes qu'en Frotardz, lo vescoms de Saint Antoni, et Sicartz, sos fraire, au donat et assout et gurpit, per bona fe, senes engan, a Deu et a sainta Maria et alz fraires del Temple de Jherusalem, ad aquellz que ara i so ni adenant i serau, en la ma d'en Fortsauz, que era maestre de la maio de Vaor, totz los conquistz que Fortsauz ni li fraire del Temple sobredig au faigz ni conquistz ni per adenant conquerrau ni gazainnarau, a jasse per totz temps, en totas lor terras et en lor onors, vas on que las ajo, et en lor seignorias, on que om las tenga de lor. Et au donat atressi a jasse per totz temps ad cisses los fraires sobredigz del Temple de Jherusalem los paturals elz abeuradors ad ops de lor bestias, et la splecha de lor bosc ad ops delz pastors e de las cabannas, en totas lor terras et en lor honors, vas on que las ajo. E de tot aquest do sobredig eis Frotardz, lo vescoms, et Sicartz. sos fraire, au mandada guirencia de totz homes et de totas femenas a dreig a'n Fortsang et alz fraires del Temple, alz presentz et alz avenidors. Et per aquest do sobrescriut li fraire de la maio au lor faita caritat de las almoinas de la maio de CCC sol. de melg. De tot aquest do sobredig au redutz et donatz testimonis S. Bernat et P. Bernat, so fraire, P. de Moillac, et S., so fraire, et S. Ruta et G. de Moillac, G. Escorgalop et B. de la Berandia. Anno ab Incarnatione Domini M° C° LXXX° II°, mense aprilis, feria IIII³, Lucio papa Rome, Philippo rege regnante. Et totz aquest dos fo donatz et lauzatz en la costa de Barriac denant Bonna.

LX

(36) — 1182, avril. — Amiel de Penne, du consentement de son fils, de sa femme et du vicomte de Saint-Antonin, Izarn, abandonne au Temple représenté par le maître de Vaour, Fort Sans, ses droits sur les domaines de Fontanelles et Coguzac, sur celui des Albis et

la tenure de G. Bonafous et les Templiers l'admettent comme
Frère.

Notum sit omnibus hominibus presentibus et futuris qu'en
Ameilz de Penna, ab cosseil et ab voluntat d'en P. W., so fill, et
de na Matelio, sa moiller, e d'en Isarn, lo vezcomte de Saint
Antoni, ab autorgament d'aquestz sobredigz, Ameilz de Penna,
donet et liuret, ab bo cor et ab bona voluntat, alz fraires del
Temple de Jherusalem, ad aquelz que ara i so ni adenant i serau,
las terras de las Fontanellas et las terras de Coguzac, on meillz
las avia ni las tenia, e tot quant avia a ffar del riu Calmes ad en
outra, aici co sen poja la via de sotz Roca entro a la via que
sen va dreig a Belpoig, et aissi co sen deissen la via de Rauzar-
gas entro el pas del riu Calmes. Et donet atressi tot quant avia
a ffar el mas de las Carreiras, on meillz Bertrantz de Cotenx ni
G. sos fraire o avia de lui. Et donet atressi tot quant podia
demandar ni querre en la honor dellz Albis ni en la tenenza
Guiral Bonafos. Et per aquestz dos sobredigz la maios del
Temple et li fraire d'eissa la maio receubro ne Ameil de Penna
per fraire de la maio et per parcerer del be d'eissa la maio. Totz
aquest dos sobrescriutz fo faigz en ma d'en Fortsauz, que era
maestre de la maio de Vaor, et donero lo et autorguero lo Ameillz
de Penna e P. W. et na Matelios et Isarnz, lo vezcoms, en
mandero ferma guirencia allz fraires del Temple. Anno ab Incar-
natione Domini M° C° LXXX° II°, mense aprili, feria III²a, Lucio
papa Rome, Philippo rege regnante. Sign. P. lo capella de Vaor.
Sign. Bernat Ugo de Saint Circ. Sign. P. del Vallat. Sign. Aude-
guer. Sign. Autger. Sign. Ameil Vassal. Sign. Bernat de Penna.
Sign. Matfre de Monteillz. Sign. Ram. Dutran. Sign. P. Sirvent.
Sign. W. Andrieu. Sign. W. del Vallat. Sign. Ademar del Val-
lat. Bernardus scripsit.

LXI

(38) — 1182, avril. — Bernard-Aton de Grésigne et sa femme cè-
dent au Temple représenté par le maître de Vaour, Fort Sans, leurs
droits dans le dimaire de Saint-Julien, pour 30 sous de Melgueil.

Conoguda causa sia a totz homes que Bernatz At de Gradina et Galiana, sa moiller, au donat et assout et gurpit a Deu et a sancta Maria et al fraires del Temple de Jherusalem, ad aquelz que ara i so ni adenant i serau, en la ma d'en Fortsauz, que era maestre de la maio de Vaor, lo deime de Saint Jolia el feu preveiril d'eissa la gleia, zo es a saber aici co esta lo lacs de Font-blanca ad eninz vas eis Saint Jolia et sen deissen la via que mou d'a vas Cabannas entro el pas de Saint Jolia e d'aqui sen va sus per la broa, entro el semder de Culeiras que sen passa vas Pallador. Tot quant au a far dintz aquestas fis, que sobrescriutas so adenant vas la maio de Vaor, au donat et autorgat et mandada guirentia de totz homes et de totas femenas ad eisses los fraires sobredigz del Temple. Et d'aquestas fis a de foras, se li fraire de la maio dintz aquesta deimaria de Saint Jolia re podio conquerre a lor laorat, au lor donat lo deime atressi per eissa coveneza. Et donero atressi eis Bernatz At et sa moiller ad eisses los fraires sobredigz del Temple lo lor cambo de Culeiras on meilz l'i au de la broa adeninz tro el rio. De tot aquest de sobredig a mandada guirentia per bona fe, senes engan, Autguers et Matfres de Monteillz de totz homes et de totas femenas a dreig alz sobredigz fraires del Temple. E per aquest do sobredig li fraire de la maio au lor faita caritat de XXX sol. de melg.. D'aizo so testimoni P. Sirventz et Audeguers et Bernartz Arnalz et W. Andreus et Ademar del Vallat, W. sos fraire, et P. Forbenc. Anno ab Incarnatione Domini M° C° LXXX° II°, mense aprilis, feria III^a, Lucio papa Rome, Philippo rege regnante. Petrus scripsit.

LXII

(34) — 1182, mai. — Le vicomte de Saint-Antonin, Izarn, ratifie pour le passé et l'avenir, en faveur du Temple représenté par le maître de Vaou.., Fort Sans, toutes acquisitions dans son domaine et cède, moyennant 200 sous de Melgueil, l'usage de ses pâturages,

fontaines et bois (1) — ~~~~~ par M. Rossignol (*Monographies*. III, p. 292).

Notum sit omnibus hominibus presentibus et futuris qu'en Isarnz, lo vescoms de S. Antoni a donat et assout et gurpit, per bona fe, senes engan, a Deu et a sancta Maria et alz fraires del Temple de Jherusalem, ad aquellz que ara i so ni adenant i serau, en la ma d'en Fort Saus, que era maestre de la maio de Vaor, totz los conquistz qu'en Fort Saus ni li fraire del Temple sobredig au faigz ni conquist ni per adenant conquerrau ni gazainnarau a jasse per totz temps en tota la sua terra et en tota la sua honor vas on que las aja et en tota la su a seignoria vas on que la tenga de lui d'aici adenant, si co de vendoas et d'acaptes. Et a donat atressi a jasse per totz temps ad cisses los fraires sobredigz del Temple de Jherusalem los pasturals elz abeuradors ad ops de lor bestials et la splecha de sos bosc ad ops delz pastors e de las cabannas en totas sas terras et en sas honors vas on que las aja. Et de tot aquest do sobredig eis Isarnz, lo vescoms, a mandada guirantia de totz homes et de totas femenas a dreig a'n Fort Saus et als fraires de la maio del Temple. Et per aquest do sobredig li fraire de la maio au li faita caritat de las almoinas de la maio de CC sois de melg. De tot aquest do sobredig a redutz et donatz testimonis P. del Broil, et W. de Penna, et Malfre de Monteilz, et Gauzbert de Brez, et Ameil Vassal, et P. Sirvent, et Ademar del Vallat et W. so fraire. Anno ab Incarnatione Domini M° C° LXXX° II°, mense madii, feria V^a, Lucio papa Rome, Philippo rege regnante. Totz aquels dos fo lausatz et autorguatz en la .oda (2) de Penna a vezenza d'aquestz testimonis sobrescriutz.

LXIII

(69 *ter*) — 1182, juillet. — R. Huc, Catre et sa sœur cèdent au Tem-

(1) Au dos du parchemin : *Del frau de S. Anthonni*. (Ecriture du xvie s.)

(2) Une correction surcharge la première lettre qui, selon toute vraisemblance, devrait être un *r* (*roda, rada* : *rue*).

ple représenté par le maitre de Vaour, Fort Sans, leurs droits sur un domaine situé près de Castres ; de plus, Catre fait don de 100 sous de Melgueil aux Templiers qui l'admettent comme Frère. (1)

Conoguda causa sia a totz homes, alz presentz et alz avenidors, que R. Uc, zo es a saber n Catre et Uga, sa sorr, au donat et autorgat, per amor de Deu et per salut de lor armas, a Deu et a sancta Maria et alz fraire del Temple de Jherusalem, ad aquellz que ara i so ni adenant i serau, en la ma d'en Fortsauz, que era maestre de la maio de Vaor, la terra et la honor el deimel (sic) elz boscals elz pasturals elz abeuradors et tot quant avio a ffar, aici co sen poja lo rius de Metz dreig a la granja de Cabertat et sen poja capsus dreit a la gleia de Castras et sen torna entro a Breto et aici co sen va la strada pennenca entro en la comba de Cabeut et aici co eissa la comba sen devalla entro en Avairo. E per aquest do sobredig Fortsauz et li fraire de la maio traissero de peingz aquestas honors sobredichas de CCC sol. de melg., et per aquest do et per aquesta caritat la maios deu recebre n Catre per donat et per fraire d'eissa la maio, ab C sol. que i deu aportar. D'aizo fo testimoni Bernatz delz Fanguellz et G., sos fraire, et B. de la Capella et At Painnos et Ram. Inartz et P. Sirventz et Ademars del Vallat et R. Albaries. Anno M° C° LXXX° II°, mense julii, feria V^a, Lucio papa Rome, Philippo rege regnante. Petrus scripsit.

LXIV

(43) — 1182, août. — Maffre Carbonel et sa fille vendent au Temple représenté par le procureur de Vaour, Fort Sans, leurs terres, prés et bois riverains du ruisseau d'Auriole, pour 63 sous de Melgueil.

Notum sit omnibus hominibus presentibus et futuris que Matf. Carbonelz et na Sebelia, sa filia, au donat et assout et gurpit, senes tota retenguda, per bona fe, senes engan, a Deu

(1) Au dos du parchemin, : Lo deyme de Castras (Ecriture du xvi^e s.)

et a sancta Maria et alz fraires del Temple de Jherusalem, ad
aquellz que ara i so ni adenant i serau, en aquell temps que
Fortsauz era procuraire de la maio de Vaor, la terra el prat e la
garriga et tot quant Matf. Carbonelz et na Sebelia, sa filla sobre-
dicha, ni hom ni femena per ellz, avio ni aver devio per calque
razo o per qualque dreitura aquesso agut et tengut, juste vel
injuste, dintz aquestas fis, zo es a saber aici co sen deissen lo
rius d'Auriola ad en aval entro en Pont Rater, et aici co sen
deissen de Pont Rater entro el moli de Delugarn, et d'aqui sen
torna ad ensus per meig la comba entro en la maio Andreu del
Potz et aici co la strada sen va d'eissa la maio Andreu del Potz
entro a la mota a Martinquer et d'aqui sen torna entro en la
font d'Auriola. De tot aquest do, si co sobre mentagutz es et on
meillz lo pot om entendre, per bona fe, a mandada guirentia
Matf. Carbonellz et na Sebelia, sa filia, de totz homes et de totas
femenas a dreig alz sobredigz fraires del Temple. Et per aquest
do li fraire del Temple de la maio, zo es a saber Bernatz Uc, que
aquest do pres et receup intz en la gleia, a Campainnac, ab
cosseil et ab voluntat delz fraires d'eissa la maio de Vaor, au
lor donatz de las almoinas de la maio LXIII sol. de melg., si
qu'eil sen tengro per pagat. D'aizo so testimoni S., lo capelas de
Campainnac, et R. de Roire, et P. de Vilars, et G., sos fraire, et
Bernatz W., et Bernatz de Trébezac, et P., lo capella de Vaor,
que aquesta carta escrius. Anno Mº Cº LXXXº IIº, mense augusti,
feria IIIª, Lucio papa Rome, Philippo rege regnante. Veritatz
es que P. del Broil et Ram. de Rabastencs au donat et assout et
gurpit, per bona fe, senes engan, tot quant querre ni demandar
podio en aquesta honor sobredicha a Deu et a sancta Maria et
alz fraires sobredigz del Temple, per testimoni R. de Roire et P.
de Vilas et G., so fraire.

LXV

(44) — 1182, septembre. — Aigline, avec le consentement de son
mari, Arnaud Raimond, vend au Temple représenté par le maître
de Vaour, Fort Sans, son domaine de Saint-Julien et de Serreme-
jane, pour 110 sous de Melgueil et une paire de bœufs.

Conoguda causa sia a totz homes, alz presentz et alz avenidors, que Aiglina, la filia de na Sclarmunda, ab cosseil et ab voluntat d'en Arnaut Ram., so marit, a donat et assout et gurpit, per amor de Deu et per salut de s'arma, alz fraires del Temple de Jherusalem, ad aquell que ara i so ni adenant i serau, en aquell temps qu'en Fortsauz era maestre de la maio de Vaor, tota la sua terra et tota la sua honor de Saint Jolia et de Serra·mejana vas on que sia, on meillz el la avia ni aver la devia ni la avia aguda ni tenguda, juste vel injuste, ni hom ni femena la tenia ni la avia tenguda de lei, zo es a saber aici co esta lo rius que mou d'a Pont Peircin et sen devalla capval tro intz en Culeiras ques part ab la honor de Bellador. Totz aquest dos d'aqui ad en outra vas Serra-mejana et vas Saint Jolia, si co sobrescriut es, et on meilz lo pot om entendre per bona fe, donet et autorguet Aiglina, filia de na Sclarmunda, et Arnautz Ram., sos maritz ; en mandero ferma guirentia senes engan de totz homes et de totas femenas alz sobredigz fraires del Temple, en la ma P. de Tudella, que aquest do pres et receup intz el pla, a Penna, ab cosseil et ab voluntat d'eisses los fraires de la maio. Et per aquest do, eissi li sobredig fraire del Temple au lor donatz de las almoinas de la maio C X sol. de melg. et I parcil de bous, si que sen tengro per pagat. De tot aquest do sobredig so testimoni pregat P. W. de Penna, et Audeguers, et Autguers, et Ameilz Vassalz, et Bernatz At, et Matfres de Monteillz, et Bernatz Arnalz, et P. Sirventz, et W. Andreuz, et W. Escortgalop, et Ademars del Vallat, et W., sos fraire, et P., lo capellas de Vaor, que aquesta carta escrius. Anno ab Incarnatione Domini M° C° LXXX° II°, mense septembris, feria II^a, Lucio papa Rome, Philippo rege regnante.

LXVI

(15) — 1182, septembre. — P. de La Cassagne et sa femme vendent au Temple représenté par le maître de Vaour, Fort·Sans, une terre et une vigne situées a La Condamine, pour 100 sous de Melguell ; Pons Baudis et sa femme ratifient cet acte en se réservant, entre autres droits seigneuriaux, une redevance annuelle d'une émine de

froment, 6 deniers d'arrière-acapte, quand il y aura lieu, et tous droits de justice.

Conoguda causa sia a totz homes, alz presentz et alz avenidors, que P. de la Cassainna et Moissaga, sa moiller, au donada et assouta et gurpida, per bona fe, senes engan, a Deu et a sancta Maria et alz fraires del Temple de Jherusalem, ad aquellz que ara i so ni adenant i serau, en aquell temps que Fortsautz era maestre de la maio de Vaor, la lor terra et la lor vinea que eil avio e la Condamina, zo es a saber entre la vinea Benecig et la vinea que fo delz Boairos, tota on meilz eil la avio et la tenio del cap sobira tro en Avairo, et au mandat et plevit que jamai re no i queiro ni no i demando, per neguna maneira, et au ne donat a mandador et a guirent W. Andreu et P. Sirvent. Et per aquest do sobredig li fraire de la maio, zo es a saber P. de Tudella, que aquest do pres et receup intz en l'obrador Ademar, del Vallat, ab cosseil et ab voluntat delz autres fraires de la maio, a lor donatz C sol. de melg. si que sen tengro per pagat. Tot aquest [do], si co sobre mentagutz es, et on meillz lo pot om endendre (sic) per bona fe lauzet et autorguet Pouz Baudis et na Comtors, sa moiller, en mandero ferma guirentia senes engan a Deu et a sancta Maria et alz fraires del Temple, ad aquell que ara i so ni per adenant i serau, lors seinnorias salvas quant s'i escairau, zo es a saber I emina de froment cadan et VI d. melg. quant s'i endevenrau de reireacapte et lor seinnorias autras, si coma de clams et de jusizias se s'i endevenio. D'aizo so testimoni Ram., lo capellas de Saint Bauzeli, et Bernatz Ademars de Causac et Berengueira, la moiller Ato de Gradina, et Bernatz de la Faurga et Bernatz Joglaras. E del do sobredig de P. de la Cassainna et de Moissagua, sa moiller, so testimoni pregat P, Sirventz, Bernatz Arnalz et P., sos fraire, et Ademars del Vallat et W., sos fraire, et G. Escortgalop et W. Andreus et Gramavis et P., lo capellas de Vaor, que aquesta carta escrius. Anno M° C° LXXX° II°, mense septembris, feria IIII², Lucio papa Rome, Philippo rege regnante.

LXVII

(41) — [Vers 1180-1182.] — P. de Montagut, avec le consentement de ses enfants, donne au Temple représenté par le maitre de Vàour, Fort Sans, ses domaines de *Pautulenx, Cornaleira* & *Prusmella*. (1)

Conoguda causa sia a totz homes, alz presentz et alz aveni-dors, que eu P. de Montagut, quant aigui penedenzat et cumengat et mo orde pres, devezigui e departigui mas terras et mas honors, ab cosseil et ab voluntat de mas filias et de Ram. de la Torr et de Bernat Pouzo ; e donei, per amor de Deu et per salut de m'arma, alz fraires del Temple de Jherusalem, ad aquellz que ara i so ni adenant i serau, en aquell temps qu'en Fortsauz era maestre de la maio de Vaor, tota la terra et tota la onor de Pautulenx et de Cornaleira et de Prusmella, ou meillz eu la avia et la tenia ni om ni femena per mi. Tot aquest do, si co sobre montagutz es, et on meillz lo pot hom entendre per bona fe lauzet et autorguet Auztorgua, la filla d'eis P. de Montagut et Ermengartz, sa sorr, et Ram. de la Torr, sos maritz, et Cortesa, la moiller Bernat Pouzo, alz sobredigz fraires del Temple de Jherusalem ; et lor ne mandero guirentia, per bona fe senes engan. D'aizo so testimoni Sicartz de la Illa et W. Sauz et Matfres de Vaquers et R. At de Girossencs, mos del autorgament e de la guirencia de las donas e de Ram. de la Torr fo testimoni Ameillz de Penna et Autguers et cissi aquist testimoni sobres-criut.

LXVIII

(46) — 1183, mai. — P. Amiel, Gaucelme et son mari, Gaillard du Puy, cèdent au Temple représenté par P. de Tudelle, Fort Sans étant procureur de Vaour, leurs droits sur la dime du domaine de Saint-Julien et de Serremejane, pour 50 sous de Melgueil.

(1) La date que nous attribuons à cette pièce résulte de la comparaison de celle-ci avec les nos XLVI et LI où figure le même P. de Montagut.

Conoguda causa sia a tot homes, al presentz et avenidors,
que P. Ameilz et Gaucelma et Gaillardz del Puig, sos maritz, au
donat et assouts et gurpit, senes tota retenguda, per bona fe
senes engan, a Deu et a sancta Maria et alz fraires del Temple
de Jherusalem, ad aquell que ara i so ni adenant i serau, en
aquell temps qu'en Fortsautz era procuraire de la maio de Vaor,
tot lo dreig et la razo et tot quant avio a far enteirament el
deime de Saint Jolia vas on que sia, ni el feu preveiril d'eissa la
gleia, ni en tota la honor sobredicha de Saint Jolia ni de Serra-
maijana, on meilz eil la avio et aver la devio et la avio aguda
et tenguda ni hom ni femena per lor ; et au plevit et mandat que
jamai re no i queiro ne i demando ni neguna forza no i fazo, per
neguna maneira alz sobredigz fraires del Temple ni hom ni
femena per lor. De tot aquest do et d'aquest assolvement a
mandada guirentia Ameilz Vassals, senes engan, de part de
P. Ameil alz fraires sobredigz del Temple, et de part de na
Gaucelma et d'en Gaillart del Puig a mandada guirentia senes
engan per mandament de lor meteisses Bernatz Aribertz ad
eisses los fraires del Temple presentz et avenidors. Tot aquest
do, si co sobrescriutz es et on meillz lo pot om entendre per
bona fe, pres et receup P. de Tudella ab cosseil et ab volumtat
delz fraires et lor donet L sol. de melg., si que sen tengro per
pagat. D'aizo fo testimoni, pregat de part de P. Ameil, Ameilz
Vassalz et Ram. Dutrantz et Mota et Bernatz Arnalz et P. sos
fraire et W. Andreus et P. Sirventz et Ademars del Vallat et P.
W. sos fraire; de part de la dona et de Gallart del Poig so tes-
timoni Bernatz Aribertz et P. Cavallers et G. delz Fanguels e'n
Corrumpis et Bernats W. et P. Correjers. Anno M° C° LXXX° III°,
mense madii, feria IIIª, Lucio papa Rome, Philippo rege
regnante. Petrus scripsit.

LXIX

(48) — 1183, mai. — Pétronille de La Tour et ses enfants cèdent au
Temple représenté par le procureur de Vaour, Fort Sans, tous leurs

droits sur les possessions des Templiers dans les paroisses de Tréban
et des Albis, pour 40 sous de Melgueil.

Notum sit que na Peironella de la Torr et P., sos fillz, et
Arnauda, sa filia, et Pouz Uc, maritz d'eissa Arnauda, nos tuit
essems qui aici em sobrescriut avem donat et autorgat et relin-
quit a Deu et a santa Maria et als fraires del Temple de Jheru-
salem, ad aquellz que ara i so ni adenant i serau, tot quant
querre ni demander podio per neguna razo ni per negu dreig
ni hom ni femena per no en la gleia de Trevan ni en tota la
parroquia d'eissa la gleia, per on que sia, zo es a saber tot aco
que li fraire sobredig del Temple i tenio ni possedio ni adenant i
possedirau en eissa la honor de Trevan. Et atresi avem donat
ad eisses los fraires sobredigz del Temple, alz presentz et alz
avenidors, tot quant querre ni demandar podiam per nos
meteisses ni per la gleia de Sals, en tota la onor delz Albis ni en
tota la tenenza que fo G. Bonafos, on meillz eissi li Fraire sobre-
dig del Temple o avio ni o tenio ni o possezio. Tot aquest do,
aici co sobrescriutz es et om meilz lo pot om entendre per bona
fe, en Peironella de la Torr e mei effant et Pons Uc avem donat
et autorgat en la ma d'en Fortsanz, que era procuraire de la
maio de Vaor. Et per tot aquest do sobredig eis Fortsauz e li
fraire del Temple au lor faita caritat de XL sol. de melg., si
qu'eil sen tengro per pagat. Autorici P. Sirvent et W. Andreu et
W. del Vallat et Ademar, so fraire, et P. Arnal. Anno M° C°
LXXX°III°, mense madii, Lucio papa Rome, Philippo rege
regnante. Bernardus scripsit.

LXX

(50) — 1183, mai. — Audiguier de Penne et sa femme ratifient en
faveur du Temple représenté par le procureur de Vaour, Fort Sans,
diverses acquisitions et lui abandonnent l'usage de leurs prés,
fontaines et bois, afin que leur fils Guillaume soit admis dans
le dit ordre et moyennant 30 sous de Melgueil.

Notum si qu'en [Aud.] de Penna et sa moiller, na Mandina,

donero et relinquero, per salut de lor armas et per salut de
l'arma de W. de Penna, lor fill, a Deu et a sancta Maria et allz
fraires del Temple de Jherusalem, alz presentz et alz avenidors,
en la ma d'en Fortsautz, que era presentz en la procuratio
de Vaor, tot quant querre ni demandar podio eil ni om ni feme-
na per lor, per neguna razo ni per negu dreig, én tota l'abadia
vas on que sia, senes alcuna retenguda que no i fau. Et
atressi lauzero et autorguero lo conquist que li fraire del
Temple sobredig avio faig de na Comtors et d'en Pouzo
Baudi, so marit, de la vinea que fo P. de la Cassainna. Et eis
Audeguers et Mandina, sa moiller, donero et autorguero
alz sobredigz fraires del Temple los pasturals elz abeurados
ellz intrars elz issirs ad ops de lors bestias, per totz temps, per
tota lor terra vas on que la åjo et la leinna de lor bosc ad ops
delz focs delz pastors e de las cabannas. Et, per aquest do et
per aquesta caritat et per aquest autorgament sobrescriut, que
fetz Audeguers et Mandina, sa moiller, li sobredig fraire recen-
bro ne W. de Penna, lor fill, en tot lo befaig de la maio del
Temple, et formiro len a sa mort. E sobre tot aizo feiro ne cari-
tat de XXX sol. de melg. a'n Audeguer et a sa moiller na Man-
dina, si qu'eil sen tengro per pagat. De tot aquest do sobredig
et de tota aquesta caritat a mandada ferma guirentia Audeguers
per bona fe, senes engan. Aizo fo faig per testimoni Ameil Vassal
et d'en Pouzo Ugo et d'en Mota et d'en Bompart et d'en P.
Sirvent et d'en W. Andrau et d'en Ademar del Vallat et d'en
W., so fraire. Anno M° C° LXXX° III°, mense madii, Lucio papa
Rome, Philippo rege regnante. Bernardus scripsit.

LXXI

(54) — 1183, août. — Sentence arbitrale donnant droit aux Tem-
pliers qui avaient exhaussé la chaussée de L'Auriol, ce dont se
plaignaient P. del Brell et Armand de Casals comme portant préju-
dice à leur moulin de Périllac (1).

(1) Au dos du parchemin : *Le moly d'Auriole, cresi ques le moly de
Penna apelat del Temple.* (Ecriture du XVIe siêle).

Notum [sit] qu'en P. del Broil et Arcmantz 'de Casals agro plaig ab P. del Vallat et ab los autres fraires de la maio del Temple, en ma d'en Audeguer et d'en Matfre de Monteillz ; el plaigz era aitals, P. del Broil et Armantz de Casals fazio rancura et corilla delz sobredigz fraires del Temple de la paisseira d'Auriola, que avio trop auzada eissi li fraire, zo dizio P. del Broil et Armantz de Casals ; e, per aco, que nosia et fasa mal alz molis d'a Peirillac. Et ad aizo respondio le fraire del Temple et dizio que a lor no era vejaire que la lor paisseira d'Auriola fezes negu mal ni engorgues los molis de Peirillac ; et, si tot o fazia, jes per tant no avio a laissar que cil no obresso et no aucesso la paisseira d'Auriola, quar, zo dizio, quar li moli de Peirillac ni li scinnor d'eisses los molis no avio neguna seinnoria ni neguna servitut ni neguna dreitura sobre lo moli d'Auriola ni sobre la paisseira. Et, auzidas totas lor razos davas ambas partz, conogro et jutguero Audeguers et Matfres de Monteilz, ab cosseil d'en Autguer et d'en Bernat Arnal et d'en Ugo de la Roca et d'en A. de la Roca, que li fraire del Temple no avio faig negu tort a'n P. del Broil ni a'n Arcman de Casals ni alz molis de Peirillac, en re que eissi li fraire del Temple aguesso obrat o bastit en la paisseira d'Auriola. Et, per aco, assolsero los fraires del Temple d'aquellz demantz et d'aquelas rancuras qu'en P. del Broil et Arcmantz de Casals fazio de lor, zo es dellz fraires del Temple ; mos pero conoissenza fo d'eisses los jutgues sobre digz et de tot lor cosseil que li fraire del Temple teinno la paisseira n'Auriola coma li autre cavaller de Penna teno lor paisseiras, francament, per bona fe, senes engan. Testimoni pregat so eissi li jutgue et lor cosseilz et Ram. Ot et P. Ameilz et Bernatz de Penna et P. Sir ventz et W. Andreus et P. Arnalz. Anno ab Incarnatione Domini M° C° LXXX° III°, mense augusti, feria VI^a, Lucio papa Rome, Philippo rege regnante. Bernardus scripsit.

LXXII

(49) --- 1183, septembre. --- G. Bernard et sa sœur confirment des aliénations de droits sur Tréban consenties par eux et leur

sœur en faveur du Temple représenté par le procureur de Vaour, Fort Sans ; de plus, ils cèdent leurs droits dans le domaine de Serre-mejane et dans la viguerie de Sals, pour 100 sous de Melgueil.

Conoguda causa sia a totz homes qu'en W. Bernatz et Gauzenza, sa sorr, an donat et lauzat et autorgat, per bona fe senes engan, a Deu et a sancta Maria et alz fraires del Temple de Jherusalem, alz presentz et allz avenidors, en la ma d'en Fortsauz, que era procuraire de la maio de Vaor, tot lo do enteirament que cil meteissi sobredig, zo es W. Bernaz et Gauzenza, sa sorr, avio fait, ab, cosseil et ab voluntat de G. de la Capella, marit de Gauzenza, et de Uga. lor seror, zo es a saber tot aquell dreig et aquella razo que cil avio a ffar en Trevan, ni en tota la onor, et lors pasturals et lors abeuradors et la splecha de lor bosc on meillz los avio en Caerci. Et, sobre tot aquest autorgament, an donat et lauzat et autorgat ipsis supradictis fratribus Templi, presentibus et futuris, tot quant avio a ffar en la honor de Serra-mejana, per qualque razo ni per qualque dreitura re querre ni demandar i poguesso ; et donero atressi ipsis fratribus Templi tot quant podio querre ni demandar en la vegaria de Sals, en aitant quant eissi li fraire del Temple n'avio en tenio, zo es a saber de la paisseira de Peirirac en aval e de las broas en sus, en aici co las fis o parto tro en Avairo. De tot aquest do, si co sobrescriuz es et on meillz lo pot om entendre per bona fe, au plevit et jurat sobre saintz que jamai re no i queiro ne i demando ni om ni femena por lor. E, per aquest do et per aquest autorgament, li fraire de la maio au lor faita caritat de C. sol. de melg., si qu'eil sen tengro per pagat. D'aizo so testimoni Bernatz Arnalz et Autguers et Ameilz Vassals et Mota et Ademars del Vallat et P. Sirventz et W. Escorgalops et S. Teisseire et Bernatz del Fanguellz et Ram. Albarict. Anno M° C°LXXX° III°, mense septembris, feria Vᵃ, Lucio papa Rome, Philippo rege regnante. Petrus scripsit.

LXXIII

(51) — 1183, novembre. — P.-G. de Penne et sa femme cèdent au

Temple représenté par le procureur de Vaour, Fort Sans, leurs droits sur plusieurs personnes, confirment les donations faites par Amiel de Penne et abandonnent l'usage de leurs prairies, fontaines et bois, en échange de l'acquittement d'une dette de 122 sous et pour 60 autres sous de Melgueil.

Notum sit qu'en P. W. de Penna et sa moiller, na Matelios, donero et autorguero, senes alcuna retenguda que no i feiro, a Deo et a sancta Maria et alz fraires de la cavallaria, ad aqueilz que ara i so ni adenant i serau, en aquell temps qu'en Fort Sauz era procuraire de la maio de Vaor, Ugo del Cusol et sa moller et sos effantz, aquellz que ara au ni adenant aurau per tolz temps ; et donero atressi tot aco que podio querre ni demandar per na Gaulzbergua de Carrander en Coguzac ni en tolz los dos qu'en Ameillz de Penna avia faigz en la maio sobredicha del Temple ni alz fraires. Et sit notum que eis P. W. et sa moiller, na Matelios, donero et autorguero per bona fe senen (*sic*) engan alz sobredigz fraires del Temple los pasturals elz abeuradors elz intrars elz issirs e la spleita de lor bosc, ad ops de lor bestias e de lor pastors, per totas lor terras et per totas lor onors per on que las ajo, senes malafaita de laoratz. Tot aquest do sobrescriut fetz P. W. et na Matelios en mandero ferma guirentia per una mula que eis. P. W. lor avia empeinnada a Rabastencs, per CXXII sol. de melg. que li sobredig fraire paguero. E sobre tot aizo eissi li fraire donero lor de las almoinas de la maio LX sol. a'n P. W. et a na Matelio. Autorici Ameil Vassal et P. Sirvent et Ademar del Vallat et W. del Vallat. Anno M° C° LXXX° III°, menso novembris, feria III³, Lucio III° papa Rome, Philippo rege regnante, et Bernardus qui hanc cartam scripsit.

LXXIV

(52) — [Vers 1183.] — P. de Lavergne donne au Temple, représenté par Fort Sans, ses maisons et enclos de *Pérajrolzel* cet acte est ratifié par les seigneurs fonciers. (1)

(1) Au dos du parchemin : *Donazac* (Ecriture de la fin du XIV° ou du XV° s.) et *Cauzac* (Ecriture du XV° s.) — Nous datons cette pièce de 1183 environ,

Conoguda causa sia a totz homes, alz presentz et alz aveni-
dors, que eu P. de la Verna doni Deo et beate Marie et omnibus
fratribus milicie Templi Jherosolomitani, ad aquell que ara i so
ni adenant i serau, per amor de Deu et per salut de m'arma, las
mias maios et las cortz d'al Perairol, totas on meillz eu las i ei
et las i teng, senes engan. Et atressi eu P. Ram. de la Garriga et
eu Durantz Aimerics, de cui P. de la Verna avia e tenia aquesta
honor sobredicha, avem donat et assout et gurpit ad eisses los
fraires del Temple presentz et avenidors tot lo dreig et la razo
que nos aviam ni demandar podiam senes alcuna retenguda que
no i fam en tot aquest do sobredig. Aquest do pres et receup
Fortsauz, et per totz los autres fraires de la maio, ab cosseil et
ab voluntat d'en W. de Causac et d'en Bernat Guitart. Aizo fo
faig per testimoni Ram. Ademar et Ram. Aimeric et W. Frotard
et W. de Montagut et W. de Campainnac.

LXXV

(53) — [Vers 1183.] — P.-Raimond de La Garrigue se donne au
Temple avec divers biens, Fort Sans étant procureur de Vaour. (1)

Eu P. Ram. de la Garrigua doni mo cors et m'arma a Deu et a
sancta Maria et ad fraires del Temple de Jherusalem, ad aquell
que aro i so ni adenant i serau, et ei donat per mo formiment II
sestairadas de terra que ei entre la terra d'en Bonome e d'en
P. de la Verna. Et ei donat atressi ad eisses los fraires sobredig
del Temple aquella terra qu'en Durantz Grimalz te de mi que es
entre l'Entreforc et l'Albespi, et la terra que tenia de mi W. de
Bonafont a Carcareja, et aquell ortz que Bernarda de Brosa teno
de mi a Bonafont. Totz aquest dos fo faigz et receutz en aquell
temps qu'en Fortsauz era procuraire de Vaor. Per testimoni W.
de Campainnac et P. de la Verna et Sauz Furt.

parce qu'elle fait partie dans le ms. d'un groupe de documents appartenant à
cette année.

(1) Pour la date, voy. la note précédente.

LXXVI

(17) — 1183, janvier [1184]. — Bernahd G., fils de G., de Penne, fait abandon au Temple représenté par le procureur de Vaour, Fort Sans, du domaine de *Balbairac* engagé pour 200 sous de Melgueil et est admis dans le dit ordre; ses frère et sœur et beau-frère ratifient cet acte et cèdent pour 140 sous l'usage de leurs prairies, fontaines et bois, y compris leurs droits dans la paroisse de Tréban (1).

Notum sit qu'en Bernatz W., lo fillz que fo d'en W. de Penna, a so comte et a so *adordenement* (2), donet et liuret si meteis a Deu et a sancta Maria et alz fraires de la maio del Temple de Jherusalem, et donet, per amor de Deu et per salut de s'arma, ad eisses los fraires de la maio del Temple per totz temps la terra et la *honor de Balbairac* (3), tota on meilz avenia a lui ni a so fraire Paga, ni a lor seror Gaillarda d'a vas lor paire, ni eissi li fraire del Temple sobredig la avio *empeingz* (4) de lor per CC sol. de melg., zo es a saber [*de la via*] *entro* (5) sus en la broa, *et* (6) de la terra *de* (7) Bernat de Calm entro en eissa la lor terra que *om* (8) apella l'Aimeriguia. Et, per tot aquest do sobredig, fo *receubutz* (9) per fraire en tot lo befaig de la maio. Tot aquest do sobredig, aici coma sobrescriutz es ni hom *meillz* (10) lo pot entendre per bona fe, donero et autorguero Pagas et na Gaillarda, sa sorr, et Ameilz *Vassals* (11), sos maritz, alz fraires del Temple de Jherusalem, ad aquellz que ara i so [n]i adenaut i serau. Et donero lor atressi los pasturals elz abeuradors e la *splecha* (12) de lor bosc ad ops delz pastors et *de las cabannas* (13), en totas lor terras et en lor *onors* (14), per on que las ajo, a senes *malafacha* (15) de laoratz. Et donero atressi *et assolsero* (16) eis Pagas et na Gaillarda, sa sorr, et Ameilz Vassals ad eisses los fraires del Temple tot quant podio querre ni demandar per

(1) La pièce suivante n'étant que la reproduction de celle-ci, nous indique-rons simplement les variantes qu'on y trouve.

(2) *Adordenament*, dans LXXVII — (3) *onor de Balbaraig* — (4) *empeinz* — (5) *de la via tro* — (6) *e* — (7) *d'en* — (8) *hom* — (9) *receubut* — (10) manque — (11) *Vassalz* — (12) *spleitas* — (13) *delz bestial* — (14) *honors* (15) *malafaita* — (16) manque.

neguna razo en Trevan ni en tota la *parroquia* (1) de Trevan.
Et per aquest do et per tot aquest autorgament sobrescriut li
fraire del Temple donero lor ne CXL sol. de melg., si *qu'eil* (2)
sen tengro per [*be*] (3) pagat. Totz *aquest* (4) dos et aquest
autorgamentz fo faigz el termini qu'en Fortsauz era procuraire
de la maio de Vaor, per testimoni d'en Ram. Ameil et d'en
P. W. et d'en Audeguer et d'en Aulguer et d'en P. Sirvent et
d'en W. del Vallat et d'en A. del Vallat et d'en W. *Escorgalop* (5)
et d'en P. Arnal. Anno ab incarnatione [*domini*] (6)
Mᵒ Cᵒ LXXXᵒ IIIᵒ, mense januarii, feria IIIᵃ, Lucio papa Rome,
Philippo rege regnante. Bernardus scripsit.

LXXVII

(84) — 1183, janvier [1184]. — Reproduction de l'acte précédent.

LXXVIII

(69 *bis*) — 1183, février [1184]. — G. Bernard, sa sœur et sa mère
cèdent au Temple représenté par le commandeur de Vaour, Fort
Sans, la dime de Mornac, pour 150 sous de Melgueil.

Notum sit omnibus hominibus qu'en W. Bernatz, lo fillz d'en
Bernat Armengau, et na Gauzenza, sa sorr, et na Ramunda, lor
maire, donero et assolsero e guirpiro a Deu et a sancta Maria et
a la maio del Temple et a'n Fortsauz, que era comandaire de la
maio de Vaor, et als fraires que alaro i ero ni per adenant i
serau lo deime el feu gleiastgue que avio en la gleia de Mornac,
on meillz i es enteirament, ab totz sos aperteneintz. Et per aquest
do sobredig fe lor caritat Fortsauz de CL sol. de melg. que agro
de lui, si que sen tengro be per pagat W. Bernatz et na Gauzensa,
sa sorr, et na Ramunda, lor maire. Et de tot aizo covengro ad

(1) *parrochia* — (2) *que* — (3) *be* — (4) *aquestz* — (5) *Escortgalop* —
(6) *domini*.

esser bo guirent a dreig W. Bernatz et na Gauzenza, sa sorr, et lor maire a'n Fortsauz et allz autres fraires que ara i so ni adonant i serau, en la maio del Temple, de totz homes et de totas femnas ; et au lor en lauzada guirentia en las lor conda-minas d'outra Avairo, que teno de Boso Fustein. D'aizo so testimoni Bernatz de la Capella et At Painnos et Bernatz delz Fanguellz et R. Albaries. Anno ab Incarnatione Domini M° C° LXXX° III°, mense februarii, Lucio papa Romo, Philippo rege regnante. Poncius scripsit.

LXXIX

(71) — 1183, février [1184]. — R. Baudis et ses beau-frère et sœur vendent au Temple représenté par le commandeur de Vaour, Fort Sans, leurs droits sur les bois, rives et ilot situés près de Saint-Laurent de Maynet, pour 190 sous de Melgueil.

Conoguda causa sia qu'en R. Baudis et Arnalz del Pi, sos cuinnatz, et Berengueira, sorr d'eis R. Baudi, donero et assol-sero et gurpiro a Deu et a sancta Maria et a la maio del Temple et a'n Fortsauz, que era comandaire de la maio de Vaor, et alz fraires que alara i.erant ni per adenant i serau, las lor terras et las lor honors del olm de Bruildor, tot dreig sus el capmas de Roillac, et tro en Font Ferreira, zo es a saber los erms elz con-dreigz et los bosc et las paisseiras et la isola, que es al cap de la paisseira en d'outra, elz arribadors et lor usatges, entro inz en la gleia de Mairessi, on meillz i so enteirament, ab totz lor apertenentz. Et covengro lor ne esser bo guirent de totz homes et de totas femenas a dreig. Et per aquest do d'aquesta honor sobredicha fetz caritat Fortsauz a'n R. Baudi et a'n Arnal del Pi, so coignat, et a na Berengueira, sorr d'eis Ram. Baudi, de CLXXXX sol. de melg., que agro d'en Fortsauz et delz autres fraires de la maio del Temple que alara i ero, si que sen tengro per bo pagat. Aizo fo fag per cosseil et per testimoni d'en Bernard Ugo de la Roca et d'en W., lo capella de Biule, et d'en Ugo del Broil et d'en R. Sicart et d'en S. de Vilars. Anno ab Incarnatione

Domini M° C° LXXX° III°, indictione II°, mense februarii, Lucio
papa Rome, Philippo rege regnante. Geraldus scripsit.

LXXX

(77) — 1183, 19 février [1184]. — Ademare de Grésigne, son mari
et leurs fils cèdent au Temple représenté par le procureur de Vaour,
Fort Sans, leurs droits sur la dime de Saint-Julien, pour 160 sous de
de Melgueil. (1).

Notum sit omnibus que n'Ademara de Gradina et Pomaretz,
sos maritz, et sei fill, W. et R. et P., au donat et assout et gurpit
a jasse per totz temps Deo et beate Marie et fratribus Templi
Jherosolimitani, presentibus et futuris, en aquel temps qu'en
Fortsauz era procuraire de la maio de Vaor, tot aco que avio
ni aver devio el deime de Saint Jolia et el feu preveiril d'eissa
la gleia de Saint Jolia, on meilz l'avia et tenia W. de Gradina, lo
paire d'eissa Ademara sobredicha, et tot quant avi? a ffar en la
onor de Saint Jolia, per qualque razo ni per qualque dreitura
re i poguesso querre ni demandar, zo es a saber de Poig Marcel
ad ensus vas la maio de Vaor, aici co esta la via que mou d'al
Garritzo ad ensus tro el lac de Fontblanca. De tot aquest do, si
co sobrescriutz es et on meilz lo pot om entendre per bona fe,
au mandat et plevit per totz tems que el aja ferma tenezo per
totz temps, en sio guirent dreiturer de totz homes et de totas
femenas alz fraires de la maio del Temple presentz et endeveni-
dors. Et au fermada guirentia P. R. Ameil, senes engan ad eisses
los fraires sobredigz del Temple, en la ma d'en Bernat Ugo,
fraire d'eis lo Temple, que aquest do pres et receup per si et
per totz los autres fraires de la maio. Per tot aquest do et per
tot aquest autorgament eis Bernatz Uc, fraire sobredigz del
Temple, donec lor CLX sol. de melg., si que sen tengro per
be pagat. D'aizo so testimoni Aulgers et A. Vassalz, R. Lutranz
et Mota et Bernatz Arnalz et W. Andreus et W. Escortgalop

(1) En tête de l'acte : *Dedins le deimari de Vour es.* (Ecriture du
XVI° s)

et P. Sirventz et Ademars del Vallat. Anno M°C°LXXX°III°, mense februarii, dominico die quadragesimo. Lucio papa Rome. Petrus scripsit.

LXXXI

(62) — 1184, juin. — Sentence arbitrale par laquelle les Templiers sont reconnus avoir la propriété des mas de l'Olmière, de Camp-grand, de La Bouissière et de Bourdelles.

Notum sit qu'en Pouz Raines et Aicelina, sa moiller, et lor effant, Bernatz et Folc, et na Guillelma, agro plaig ab Bernat Ugo de Saint Circ et ab los fraires del Temple del mas de la Ol-meira et del mas de Campgran et del mas de la Boisseira et del mas d'a Bordellas. El plaigz fo en ma d'en Arnal de Lalo et d'en Ademar de Cauzada, et eil avio a lor cosseil W. Arcman et Ber-nat Arnal de Penna. Pouz Raines dizia et razonava, el et sei effant, que aqueig IIII mas ero lor per Folco de Saint Circ, et Bernatz Uc de Saint Circ et li fraire del Temple razonavo et dizio que no era vers, et per aital razo que aquist IIII masi ero vengut a part partida d'en Bernat Ugo et quen avia faita tenezo be de XL antz ; et aizo provet aondosament per moutas provas per conoisseuza delz jutgues sobredigz. Et, auzidas lor razos et lor provas d'avas ambas partz, Pous Raines et sa moiller et sei effant et li fraire del Temple acordero se quen presesso jutga-ment ; et sia conogut qu'en Pouz Raines et sa moiller et sei effant et Bertrauz Bonafos et W. Macips et P. de la Casa, que ero fraire de la maio del Temple et habitador de la maio d'a Castras, fermero en ma d'en Rater de Cauzada que, per las razos que dichas ero et per las provas que donadas ero d'aquest plaig sobredig, receubesso aital jutgament et aital fi com Raters dize-ria ni sos cosseilz, et era en so cosseil Bernatz Arnalz de Penna et W. Arcmanz et Arnautz, lo priors de Cauzada, et Uc Johan et Ademars de Cauzada. Et tuit aquig sobredig conogro et dissero que aquestz IIII mases sobredigz, zo es a saber lo mas de la Olmeira el mas de Campgran el mas de la Boisseira el mas d'a Bordellas fosso, senes tota retengnda, alz fraires del Temple et a la maio de Castras. Et sobro tot aizo Pouz Raines et sa moiller Aicelina et lor effant, Bernatz et Fol et na Guillelma, donero et autorguero per bona fe, senes engan, aquestz IIII mases alz fraires del Temple, ad aquelz que era i so ni adenant i serau. Et sia conogut quel jutgament qu'en Raters ne donec ab so cosseil, el do el autorgament, que eil ne feiro, jurero sobre sainz evangelis que tenezo aja per totz temps. E, se negus parentz ni parenta d'aquesta dona n'Aicelina re demandavo en aquestz IIII mases sobredigz, Pontz Raines et sa moiller et sei effant au ne mandada guirentia a dreig, et Raters mandec lan per lors alz fraires del Temple. De tot aizo fo testimoni li jutge sobredig e P. Ferrers et Bernatz Engelbalz et R. Ameilz de Penna, en Echer de Mirabel et Matfres de Monteilz et R. At, sos fraire. Facta carta anno Mᵒ Cᵒ LXXXᵒ IIIIᵒ. regnante Philippo. rege Francorum, mense junii, feria IIᵃ. Raimundus scripsit.

LXXXII

(69) — 1184, octobre. — Bertrand de Saint-Huc cède au Temple représenté par le maître de Vaour, Fort Sans, ses droits dans les paroisses de Bretou et de Castres avec l'usage de tous ses bois, fontaines et prairies, pour 50 sous (1).

Notum sit qu'en Bertrantz de Saint Ugo donet et autorguet et lieuret, per bona fe, senes engan, et per redemptio de sos peccatz, a Deu et a sancta Maria et alz fraires del Temple de Jherusalem, ad aquellz que ara i so ni adenant i serau, senes negu retenement que anc non i fetz, et fo aitals lo dos : tot quant avia a ffar d'Aligueiras et de Saint Circ entro en Avairo, zo es a saber la honor Guillemenca, que es en la parrochia de Breto ni en la parrochia de Castras, ellz homes et las femenas quen so ; et donet atressi los pasturals elz abeuradors ellz intrars ellz issirs e las [s]pleitas de sos bosos ad ops del bestial et delz pastors; per totas sas terras et per totas sas honors, per on que las aja,

(1) Au dos du parchemin : *Toqua a Castras et a Breto* (Ecriture du xvᵉ s.).

alz fraires del Temple sobredigz. Tot aquest do fetz et plevic
Bertrantz de Saint Ugo, en ma d'en Fortsauz, que era maestre
de la maio de Vahor, et mandec ne bona et ferma guirencia de
totz homes et de totas femenas. Et per aquest do sobredig
Fortsauz e li autre fraire subrescriut feiro len caritat de L. sol,
si quel sen tenc per be pagatz. Autorici G. Prohome et Bernat
del Mur, lo capella, et Bertran Forner, et P. del Vallat et P. de
la Casa, que ero comandaire de Castras, et W. Macips. Anno
ab Incarnatione Domini M° C° LXXX° IIII°, mense octubris, sub
die feria III³, Lucio papa, Philippo rege regnante. Bernardus
scripsit.

LXXXIII

(61) — 1184, novembre. — R. Ratier et ses frère et sœurs abandon-
nent au Temple représenté par le commandeur de Vaour, Pierre de
Tudelle, les biens qu'ils possèdent près de Bretou et de Castres ; le
premier est admis dans l'ordre du Temple et les autres reçoivent 300
sous de Melgueil.

Notum sit qu'en R. Raters et sos fraire, Ug Raters, et
lors sorors, Audiardz et Salvatgua, donero et autorguero,
per bona fe, senes engan, a Deu et a sancta Maria, per sal-
vament de lor armas, alz fraires del Temple de Jherusa-
lem, ad aquellz que ara i so ni adenant i serau tot quant
avio a ffar de la granja de Cabertat entro el cros Lobaresc,
et en aici coma sen va lo rius del Boildor entro en Avairo,
et en aici coma sen poja Avairos, tot aco que eil avio a ffar
d'avas ambas las ribas ellz intrars ellz issirs entro en la
comba de Varra que es sobre la roca que fo d'en Boso, et de la
 mba de Varra entro en Breto, et de Breto tro a Castras et de
Castras entro a la granja sobredicha de Cabertat. Totas las
terras et las onors que so dintz aquestas fis sobredichas ellz
intrars ellz issirs de las aiguas et de las terras et delz boscs, tot
enteirament, aici coma om o pot entendre per bona fe, donet et
autorguet R. Raters sobredigz et Uc, sos fraire, et lors serors
sobredichas a Deu et a sancta Maria et allz fraires del Temple

de Jherusalem, ad aquelz que ara i so ni adenant i serau; et mandero ne bona guirentia et ferma de totz homes et de totas femenas. Et sia conogut que, per aquest do sobrescriut, li fraire del Temple sobredig ne receubro Ram. Rater per fraire de la maio del Temple e l'acoilliro en tot lo befaig de la maio del Temple, en cors et en arma. Et sit notum que per aquest do, sobredig li fraire del Temple ne donero a na Salvatgua sobre mentaguda et a'n Bellafava, so marit, CCC sol. de melg., si que ella et ell et sei fraire et sa sorr Audiardz sen tengro per be pagat. Et se negu contrast li fraire ni la sorr d'eissa Salvatgua movio ni fazio alz fraires del Temple sobredigz donet lor tot lo dreig et tota la razo que eissa Salvatgua avia ni devia aver en tota la terra d'en R. Rater, son paire. Tot aquest do, aici co sobrescriut es, lo donet el autorguet alz fraires del Temple sobredigz R. Raters et sos fraire Ug, et lors serors Salvatgua et Audiartz, el jurero sobre saintz evangelis que aja tenezo per totz temps. Et sia conogut que de tot aquest do sobredig mandec guirentia dreitureira Uga, la maire de R. Rater, et juret la sobre saintz evangelis; et mandec ne guirentia G. dellz Fanguelz et Ug del Broil et Bernatz de Roillac, et jurero la sobre saintz evangelis. De tot aizo foro testimoni pregag Bernatz dellz Fanguelz et At Painnos et Ram. S. et Ram. Albarics, en Bellafava et Gauzbertz de la Roca et P. Bodotz et R. Verroilz et Bernatz Godecs. Aquest dos sobrescriutz fo faig en ma d'en P de Tudella, que era comandaire de la maio de Vaor, et receup lo per mandament d'en Fortsauz et dels fraires que ero en sa bailia. Sign. Bernat Abauzic et P. de la Casa et Bertran Forner. Anno ab Incarnatione Domini M°C° LXXX° IIII°, mense novembris, feria II³, Lucio papa Rome, Philippo rege regnante. Bernardus scripsit.

LXXXIV

(64) — 1184, novembre. — Bernard-Uc de La Roque ratifie les acquisitions faites ou à faire dans l'étendue de ses domaines par le Temple qui, représenté par les mandataires du maitre de Castres et de Saint-Laurent de Maynet, Fort Sans, lui donne, en échange, une paire de bœufs estimée 100 sous.

Notum sit qu'en Bernartz Uc de la Roca fetz acorders et cove-
neuzas ab Fortsauz et ab los autres fraires 'del Temple, per
lor meteisses et per totz los autres, per aquellz que ara i
so ni adenant i serau. Et li acorder et las covenenzas so
aitals : que tot quant avio conquist ni per adenant conquer-
rio Fortsauz ni li autre fraire del Temple elz castellz ni en las
villas ni en las terras d'en Bernat Ugo de la Roca, zo es a saber
fosso teneuzas de maios o de vinas o de ortz o de terras o
fosso pastural o abeurador o intrar o issir, e fosso seu d'en
Bernat Ugo o de sos cavallers o de sas donas o fosso delz fillz
de sos cavallers o fosso de sos vilas, tot enteirament lor o
autorguet et lor o donet Bernatz Uc de la Roca a Deo et a sancta
Maria et alz fraires del Temple de Jherusalem, ad aquellz que
ara i so ni adenant i serau, ab sas seingnorias leials que i reteno,
per bona fe, esters elz pasturals ni elz abeuradors ni elz intrars
ni elz issirs que el lor avia donatz francament en tota sa terra,
no fe autra rengnda. Aquest do sobresciut receubro P. de la
Casa et Bertrantz Forners, per mandement d'en Fortsauz que
era en aquell termini maestre de la maio de Castras et de
Mairessi ; et fetz ne caritat a'n Bernat Ugo de I pareil de bous
que valio be C sol., et el tenc sen be per pagatz. Sign. W, lo
capella de Biole. Sign. Ademar d'Orbainnac. Sign. Ugo del
Broil. Sign. Ram. Sicard. Sign. P. de Moillac. Sign. Bernat de
la Beraudia. Sign. Moliner. Sign. G. Malaterra. Sign. Bernat de
Roillag. Sign. Bernat, lo capella de Castras. Anno ab Incarna-
tione Domini M° C° LXXX° IIII°, mense novembris, feria V⁴,
Lucio papa Rome, Philippo rege regnante.

LXXXV

(56) — 1184, décembre. — Honors, fille d'A.-B. de Montdenard,
abandonne au Temple représenté par la procureur de Vaour, Fort
Sans, ses droits sur le moulin et la chaussée de L'Auriol, confirme
diverses ventes faites par ses parents et dont l'une consentie par sa
mère pour le prix de 160 sous et 3 bœufs porte sur des biens situés à
Saint-Julien et à Serremejane et reçoit 160 sous de Melgueil (1).

(1) Au dos du parchemin : *Le moly d'Auriole, S. Julia et Sarremejane.*
(Ecriture du xvi° s.)

Conoguda causa sia a totz que na Honors, la filla Arnaut Bernat de Montlanard, a donat et assout et gurpit senes tota retenguda, per bona fe, senes engan, a Deu et a sancta Maria et alz fraires del Temple de Jherusalem, ad aquellz que ara i so ni adenant i serau. en aquel temps qu'en Fortsauz era procuraire de la maio de Vaor, tot lo dreig et la razo que avia ni aver devia ni hom ni femena per lei el moli d'Auriola et en la paisseira, zo es a saber per deimo ni per deguna autra seingnoria. Atressi donet donet et lauzet et autorguet ad eisses los fraires sobredigz del Temple, presentz et endevenidors, tot lo dreig et la razo que avia ni hom ni femena per lei en tota la honor de Saint Jolia et de Serra Mejana, vas on que sia, si co meilz n'Aiglina, sa maire, la avia donada e venduda alz fraires sobredigz del Temple, zo es a saber CLX sol. de melg. et III bous, que li fraire sobredig del Temple lui avio donatz, si que ella sen tenc per pagada. Et atressi lauzet et autorguet totz los dos enteirament qu'en Ameilz Audeguers, sos papos, et cissa n'Aiglina, sa maire, avia donatz alz fraires del Temple. De tot aquest do, si co sobrescriutz es et on meilz lo pot om entendre, per bona fe, a plevit et jurat sobre saintz na Onors en la ma d'en P. del Vallat, fraire d'eis lo Temple, que el avia ferma tenezo per totz temps. E per aquest do et per aquest autorgament, li fraire de la maio au li donatz CLX sol de melg. de que trais de peinz, zo es a saber Bellador de C sol. et LX soudadas a Saint Pantalm. D'aizo so testimoni Durantz Mercers et Peitavis et Arnautz Gauzbertz del Castanner et Arnautz de Montlanard et Arnautz de la Valleta et Bernatz de Mausonesca et Uc de Burgeiras et Bernatz de Durfort, ab cui voluntat totz aquest do fo faigz et recenbutz, el pla denant la mota, a Durfort. De tot aquest do a mandada e fermada guirentia per la dona alz fraires del Temple R. Ameilz et Isarnz, lo vezcoms, et P. W. et Bernatz de Penna et Autgers. Per testimoni A. Vassal et R. Dutran et Arman de Casals et P. Sirvent et W. del Vallat et Ademar, so fraire, et W. de Casals. Anno M° C° LXXX° IIII°, mense decembris, feria IIIIª, Lucio, papa Rome, Philippo rege regnante. Petrus scripsit.

LXXXVI

(80) — 1184, décembre. — Pons Abbat abandonne au Temple
représenté par un Frère de Vaour ses droits dans le domaine des
Albis et dans l'alleu de Sals, possessions des Templiers. (1)

Notum sit qu'en Pouz Abbas donet et autorguet, per bona fe,
senes engan, a Deo et a sancta Maria et alz fraires del Temple
de Jherusalem, ad aquellz que ara i so ni adenant i serau, tot
aco que ell avia ni querre ni demandar podia per neguna razo,
zo es a saber tot aco que sos paire, Bernatz Fusteinz, avia a ffar
en tot aco que li fraire del Temple avio ni tenio en la honor
delz Albis ni en l'alo de Sals, tot enteirament, aquo que li sein-
nor de la Sala i au donat, zo es a saber W. de Penna, lo Pioles,
en Audeguers e na Mandina et Matfres de Monteillz et na Bia-
tritz, sa maire, et tot aco enteirament qu'en P. de Penna ni W.,
sos fillz, ni sas fillas i avio donat en tot l'alo de Sals ni en la
tencuza dellz Albis. De tot aquest do sobredig mandet bona et
ferma guirentia Pous Abbas de totz homes et de totas femenas
per bona fe alz fraires del Temple. E sobre tot aizo au ne man-
dada guirentia, per Pouzo Abbat, R. Ameilz et Audeguers et
Ameilz Vassals. Aquest do sobrescriut pres et receup P. del
Vallat, que ero fraire de la maio del Temple, a la maio P. Sir-
vent. Per testimoni W. de Ro et d'en W. de Salvainnac et d'en
P. Sirvent et d'en W. Andreu et d'en W. del Vallat et de so
fraire Ademar et d'en P. Arnal. Anno ab Incarnatione Domini
Mo Co LXXXo IIIIo, mense decembris, Lucio papa Rome, Phi-
lippo rege regnante. Bernardus scripsit.

LXXXVII

(88) — 1184, décembre. — Le vicomte [de Saint-Antonin] Sicard
cède aux Templiers ses droits sur Castres et sur les biens acquis par

(1) Au dos du parchemin : *Toqua a la Magdalena.* (Ecriture du XVe s.)

eux des chanoines de Saint-Antonin, ainsi qui l'usage de ses prairies
ontaines et bois au mas de l'Olmet, pour 100 sous de Melgueil.

Notum sit omnibus hominibus presentibus et futuris quod Si-
cardus, vice comes, donec et assols et gurpic per bona fe, senes
engan, senes tot retenement, Deo et sancte Marie et domui Templi
et a'n Fort Sanz, et omnibus fratribus domus Templi presentibus
et futuris, tot lo dreg e la razo entegradament que el avia ni
aver devia ni podia e neguna guiza, ni autre per lui ni de lui,
en la vila de Castras ni els homes ni en las femnas ni en la
terra ni en la honor ni en totz los apertenemens enteirament,
per on que sio ni qual que sio, de Castras ni de tota la honor
qu'en Fort Sanz et alii fratres domus Templi avio conquista
de canonicis Sancti Antonini, si que jamai neguna re e neguna
guiza querre ni demandar no lor i posca ni hom ni femina per
lui. Et eis Sicards, lo vezcoms, donec el autorguet per jasse,
per ferm et perdurable do, Deo et sancte Marie et domui Templi,
et a'n Fortz Sanz et omnibus fratribus domus Templi presen-
tibus et futuris pascalgues et esplecha de boscs e d'erbas e
d'aiguas et de salvazinas el mas d'Olmet, ab totz sos apertene-
mens enteirament, per on que sia ni qual que sio ; et covenc
lor en esser bonus guirens a dreg de totz homes e de totas
feminas. E per aiso Forts Sanz et li fraires de la maio del
Temple donero li C sol. de melgoir., si que sen tenc per be pagatz
de lor. De tot aiso so testimoni pregat et redug S. B., P. B., S.
sos fills, P. de Moillac, Uc de Moillac, B. Aribertz, Wus de la
Cavalaria, Wus At, Durans Oellers, et Geraldus Bontos qui
hanc cartam scripsit. Anno dominico Mo Co LXXXe IIIIo, indic-
tione IIIa, mense decembris. Hoc fuit factum in villa Sancti
Antonini, in domo de la Cavallaria.

LXXXVIII

(63) — [Vers 1184.] — Pons Raines, sa femme et leurs enfauts per-
mettont au Temple l'usage des prairies, fontaines et bois qu'ils
possèdent dans la région de Saint-Cirecq. (1)

(1) Nous datons cet acte de 1181 environ, parce que les noms qui y figu-
rent, se retrouvent dans le no LXXXI daté de 1181.

Notum sit qu'en Pouz Raines et sa moiller, n'Aicelina, et lor effant, Bernatz et Folc et na Guillelma, donero et autorguero a Deu et a sancta Maria et alz fraires del Temple, et ad aquellz que ara i so ni adenant i serau per totz temps, los lor pasturals de las terras que avio en la onor de Saint Circ elz intrars elz issirs elz abeuradors et la leinna que ops lor aura a las cabanas et alz focs, ad ops delz pastors ni del bestiar, salva la razo delz fraires de Belloc, et de R., lo fill Pouzo Raino et de sa moiller n'Aicelina, alqual dat o avio; et ab aital retenguda que se bestials venia en aquestz pasturals per cosseil d'en Pouzo Raino ni de sos effantz que podo paisser essems. D'aizo so testimoni Raters de Cauzada et Arnautz, lo prior de Cauzada, et W. Aremantz et Uc Johan et Bernatz Arnalz de Penna et P. de las Casas et W. Macips.

LXXXIX

(72) — 1184, janvier [1185]. — Raimond Ratier de Bioule se donne au Temple, avec ses biens situés près de Bretou, Pierre de La Case étant commandeur de Castres, et l'une de ses sœurs reçoit de celui-ci 300 sous de Melgueil. (1)

Notum sit qu'en Ramunz Raters de Biule, ab cosseil et ab autorgament de na Uga, sa maire, et de na Salvatgua, sa seror, et de sos autres fraires et serors, dedit se ipsum Deo et sancte Marie et a la maio del Temple, in manu d'en P. de la Casa, lo comandador de Castras, et tot quant avia a ffar que que fos et totas las tengudas que fazio, quals que fosso, et de que que fosso, et tot lo dreig et tota la razo enteirament, senes retenguda que no i feiro, que avio et tenio per quelque guisa els R. Raters et sa maire et sei fraire et sas serors infra aquestas fis et termi-nis que aici so escriut et mentagut, zo es a saber des la granja de Cabertac entro el cros Lobarez et d'aqui entro en Avairo et des la gleia de Breto entro en la roca que fo d'en Boso Fustein.

(1) Au dos du parchemin : *Credo qu'es de Bieule.* (Écrit. du XVIe s.).

Et devo ne esser guirent a dreig de totz homes et de totas feme-
·nas a la maio et alz fraires del Temple presentibus et futuris.
Et outra tot aizo per eis lo sobrescriut P. de la Casa (sobres-
criutz), per la maio del Temple, dedit CCC sol. de melg. a na
Salvatga sobrescriuta, ab que fos adersa et maridada, si que
sen tene per pagada eissa na Salvatgua. Hoc fuit factum per
cosseil et per testimoni d'en Bernat Ugo de la Roca et per testi-
moni d'en Ugo del Broil et d'en R. Sicart et d'en Bernat de
Roillac et d'en S. de Vilars et d'en P. de Moillac et d'en Bernat
de la Beraudia et d'en Ademar de Orbainac, l'ospitaler, et d'en
Bertran Forner. Anno ab Incarnatione Domini M° C° LXXX° IIII°
indictione III², mense januarii. Lucio pape Rome, Philippo rege.
Aizo fo faig apud Biule. Persia scripsit per mandament delz
fraires del Temple.

XC

(76) — 1184, janvier [1185]. — Raimond Fustein donne au Temple
représenté par le procureur de Castres, Fort Sans, le domaine qu'il
possède près de l'Aveyron et est admis, en retour, dans le dit ordre.

Notum sit qu'en Ram. Fusteinz donet si meteis, per salut de
s'arma, a Deu et a sancta Maria et a la maio del Temple de
Jherusalem et alz fraires d'eissa la maio, et donet et liuret tota
la terra et tota la honor que avia d'Avairo ad ensa outra vas
Caerci, per on que la aja et a per nom la pignora qu'en Pouz de
la Peira et Ram. Rater avio de so paire W. Fustein et de lui
meteis. E, sobre tot aizo, tot aquest do et tot aquest mandament
plevit eis Ram. Fusteintz e ma d'en Fortsauz, et juret sobre
saintz evangelis que el lo tenga ferm per totz temps per bona fe.
E per aquest do sobredig Fortsantz et li autre fraire del Temple
receubro ne Ram. Fustein en tot lo befait de la maio del Temple
en cors et en anima, ab cosseil de sa maire, et ab cosseil d'en
Ram. Ameil de Penna. Aquest do sobrescriut receup Fortsautz,
que en aquell termini era procuraire de la maio de Castras, ab
cosseil d'en P. de la Casa et d'en P. del Vallat et d'en Bertran
Forner et d'en Bernat de Belfort. Autorici Ato Painno et Bernat

delz Fanguelz et R. Albaric et Donadeu d'Ambilet et P. del
Batut et G. de la Mota et W. del Vallat. Anno ab Incarnatione
Domini M° C° LXXX° IIII°, mense januarii, feria III^a, Lucio III°
papa Rome. Philippo rege regnante. Bernardus scripsit.

XCI

(57) — 1185, mai. — S. Fouque vend au Temple représenté par le
procureur de Vaour, Fort Sans, sept mas et sept métairies situés
dans la paroisse des Anglars et donnant, les uns, un cens de 7 deniers
avec 12 derniers d'acapte, les autres, 6 derniers d'acapte, le tout pour
25 sous de Melgueil et un cheval de charge.

Notum sit omnibus qu'en S. Folc a donat et assout et gurpit,
per bona fe, senes engan, a Deu et a sancta Maria et alz fraires
del Temple de Jherusalem, alz presentz et alz avenidors, en la
ma de Fortsauz, que era procuraire de Vaor, totas las terras et
totas las honors, on meillz las avia et las tenia en tota la parro-
chia d'Anglars, ni a lui avenio d'en Bertran de Saint Paul, zo es
a saber VII mases et VII bordarias, liqual masi et lasquals
bordarias so aici co esta la comba de Merle-castell a capsus
dreig a Callo Pradella et entro en la strada de Galtz ad ensus vas
Anglars. Et dono li masi VII d. de ces cadan a Nadal et XII d. d'a-
capte, et las bordarias VI d. d'acapte ; et Arnalz de la Roca te ne
I mas et I bordaria, et P. Johan I mas et una bordaria, et P. Ram.
et Daide de Murcent II mases et doas bordarias, et entre Pascal
et Gordo II mases et II bordarias et P. Matfres I mas et I borda-
ria. Et per aquest do et per aquest assolvement, Fortsauz donec
li I roci et XX et V sol. de melg., si qu'el sen tene per pagatz.
Tot aquest do, si co sobrescriutz es, lauzet et autorguet W. de
Ro ad eisses los fraires sobredigz del Temple prezentz et aveni-
dors. Et devon esser guirent de totz homes et de totas femenas
a dreig et a razo. D'aizo so testimoni Audeguers et Auguers et
Ameilz Vassalz et Matf. de Monteillz et B. Arnalz et P. Sirventz
et Ademars del Vallat. Anno M° C° LXXX° V°, mense madii,
feria III^a, Lucio papa Rome, Philippo rege regnante. Petrus
scripsit.

XCII

(90) — 1185, mai. — Reproduction de l'acte précédent. (1).

Conoguda causa sia a totz homes que S. Folc a donat et assout e
guirpit per bona fe senes engan a Deu et a sancta Maria et alz
fraires del Temple de Jherusalem alz *presenz* et alz *endevenidors,*
e la ma *d'en* Fort *Sanz,* que era *maestre de la maio* de *Vahor* totas
las terras e las honors, *hon meils el* las avia e las tenia, en tota
la *perochia* d'Anglars ni a lui avenio *d'a vas* Bertran de *S.* Paul,
so es a saber VII *mazes* e VII bordarias, liqual masi e lasquals
bordarias so aici *quo* esta la *cumba* de *Merlecastel* a capsus *dreg*
a Callo Pradella et entro e la strada de *Guihas a esus* vas Anglars ;
e dono li masi VII *din.* de ces cadan a Nadal e XII *din.* d'acap-
te, e las bordarias *atressi* VI din. d'acapte. Et Arnalz de la Roca
te ne I mas et Iª bordaria, et P. *J. autre* mas et *autra* bordaria,
e P. *R.* e Daide de *Mursent* II mases e *II* bordarias, e P. Matfres
autre mas et *autra* bordaria et entre *Pasgal e'n* Gordo II mases e
II bordarias. E, per aquest do e per aquest *asolvement li fraire
de la maio au li donat* I *rossi* e XX e V sol. de Melg , si qu'el
s'en tenc per pagatz. Tot aquest do, si co *sobrescriut es, et on
meilz lo pot hom entendre per bona fe,* lauzet et autorguet W. de
Ro *a Deu et a sancta Maria et alz* fraires *sobreditz de la maio,* e
devo esser *guiren* de totz homes *e* de totas femenas a *dreg* et a
razo. *D'aiso* so *autorici* Audeguer *e* Autguer e A. Vassal e Matf.
de *Montels* e B. Arnals e P. *Cirvent* e Aemar (*sic*) del *Valat.* Anno
Mº Cº LXXXº *quinto,* mense madii, feria IIIª, Lucio papa Rome,
Philip. rege regnante. Petrus *dictavit ac Johannes* scripsit.

(1) Les variantes de ce texte avec le précédent étant nombreuses, nous les
imprimons en italiques. Les donner sous forme de renvois, avec la pièce
XCI, comme nous l'avons déj. fait dans un cas analogue, eût été ici encom-
brer le document de signes de référence. — En tête, on lit: *de Caurac*
(XVᵉ s.) raturé et remplacé par: *del Frau* (XVIᵉ s.).

XCIII

(75) — 1185, mai. — G. de Salvagnac vend au Temple représenté
par Fort Sans tous ses droits dans les environs de Castres et de
Bretou, sauf un cens de 3 sous, pour 400 sous de Melgueil.

Notum sit qu'en W. de Salvainnac, vendidit a'n Fortsauz et
alz autres fraires del Temple, presentibus et futuris, a tot lor
deveziment, per CCCC sol. de melg. que ac de lor, si que sen
tenc per be pagat, et lor gurpic et lor assols tot quant avia a
ffar, eis W. de Salvainnac, en P. Bru et en sa seror et tota la
seignoria et tot lo dreig et tota la razo enteirament que avia et
tenia en lor, et tot lo dreig et tota la razo enteirament que havia
ni tenia ni hom per lui, per qualque guisa o agues ni o tengues
infra aquestas fis et infra aquestz termes que en aquesta carta
so escriut, quals que sia aquel dreigz et aquela razos, o sio
terras o hermas o condrechas o sio prat o bosc o vinee o aiguas,
· zo es a saber des lo riu de Castras aici co sen deissen eis lo rius
entro en las rocas delz Fusteinz, et tot quant avia a ffar eis W.
de Salvainnac et tot lo dreig et tota la razo enteirament que
havia et tenia ni hom per lui per totz locs entre eis lo rius de
Castras sobrescriut et la font de Gresas, en que que i o agues
ni que i o tengues et que que fos, esters de III sol. que havia eis
W. de Salvainnac en Breto per an cadan, losquals III sol.
retenc en aquesta venda sobrescriut a eis W. de Salvainac, mos
re plus no i retenc en tota aquesta venda sobredicha. Et eis W.
de Salvainac promes esser guirentz a dreig de totz homes et de
totas femenas a'n Fortzauz et alz fraires del Temple presenti-
bus et futuris de totas aquestas causas et de totas aquestas
possessios sobrescriutas que lor vendec ; et, se ges plus vallo
aquellas possessios quel pretz ni l'avers que illi l'en dero, dona-
vit et absolvit lo sobreplus et la sobrevaleuza eis W. de Salvainac
a Deu et a sancta Maria et alz fraires del Temple presentibus et
futuris. Et juravit sobre saintz evangelis eis W. de Salvainnac
que ni ell ni hom ab so gein ni ab so cosseil jamai no apell ni
deman no fuza en totas aquestas causas et en totas aquestas

possessios sobrescriutas alz fraires del Temple, presentibus et
futuris, que lor vendec ni ad home per lor. De tot aizo sunt
testes Bernandus Aribertus et Ug W. de Salvainnac et P. de
Moillac et Bertrantz Forners et P. del Vallat et P. de la Casa et
Bernardus Abauzitz et Persia qui hanc cartam scripsit. Anno
ab Incarnatione Dom. M° C° LXXX° V°, indictione III°, mense
madio, Lucio papa, Philippo rege. Hoc fuit factum apud
Castras.

XCIV

(67) — 1185, juin. — Amiel Cincfre se donne avec tous ses biens
au Temple représenté par le maitre de Castres et de Saint-Laurent
de Maynet, Fort Sans, et sa mère cède ses droits sur la succession de
son mari, moyennant 100 sous de Melgueil.

Notum sit qu'en Fortsauz, que era maestre de la maio de
Castras et de Mairessi, et li fraire del Temple, Bernatz Abauzitz
et Bertrantz Forners, receubo et acoilliro en tot lo befaig de la
maio del Temple, zo es a saber, en cors et en arma per totz
temps, Ameil Cinfre, lo fil que fo Ameil Cincfre, de Biule, et de
n'Adalmus, sa moiller, ab tota sa terra et ab tota sa honor, on
meilz ell la avia ni la devia aver ni tener, ni Ameilz Cincfres,
sos paire, la tenia ni la avia en aquell termini que moric. Et
sia conogut que aquest recebementz et aquest acorders totz
enteirament, aici coma sobrescriutz es, lo feiro Forsauz et li
fraire del Temple sobredig, per lor meteisses et per aquellz que
adenant i serau, et per cossell et per voluntat et per prec de
n'Adalmus, maire d'eis Ameil Cincfre. Et eissa Adalmus sobre-
dicha donet et liuret et autorguet tot lo dreig et tota la razo que
ella avia ni aver devia per neguna razo, per l'ara ni per adenant,
en la terra ni en la onor que fo d'en Ameil Cincfre, so marit,
per on que fos a'n Fortsauz et alz fraires del Temple, ad aquels
que ara i so ni adenant i serau. Et, per aquest do que fetz
Adalmus sobredicha, li fraire del Temple feiro lui caritat de C
sol. de melg., si que ella sen tenc per pagada, et mandec ne
bona et ferma guirentia et leial de totz omes et de totas femenas.

De tot aizo foro testimoni pregat R. W. de Saint Laufari et Bos de Gradinna et W. Bernatz et W. de la Mota et Arnalz del Pi et Ug del Broil. Anno ab Incarnatione Domini M° C° LXXX• V°, mense junii, feria V², Lucio papa Rome, Philippo rege regnante.

XCV

(73) — [Vers 1185]. — Bernard Abauzit, commandeur de Castres et de Saint-Laurent de Maynet, libère d'un gage de 49 sous de Melgueil le domaine de Bioule provenant d'Amiel Cinefre et possédé par Uc del Breil qui reçoit 3 setiers de maïs (1).

Notum sit qu'en Bernatz Abauzitz, que era comandaire de la maio de Castras et de Mairessin, ab cosseil delz autres fraires que aqui permaino, traiz de peinz de XLVIIII sol. de melg. tota la terra de Biule, delz vallatz en fora, que fo d'en Ameil Cinfre, d'en Ugo del Broil ; et de III sesters de mil de tot aquest aver sobredig se tenc per pagatz Ug del Broil delz fraires del Temple. E, se li fraire del Temple avio contrast d'aquest peingz sobredig, Ugo del Broil lor ne mandec leal guirentia de totz homes et de totas femenas a dreig. Sign. Bernat lo capella et Bernat Arnal et P. Durant et P. de la Casa et Bertran Forner.

XCVI

(58) — 1185, janvier [1186]. — Ermengarde de La Fage, son mari et leur famille cèdent au Temple, Fort Sans étant procureur de Vaour, leurs droits dans la paroisse de Saint-Julien et reçoivent du commandeur de Vaour, Pierre de Tudelle, 170 sous de Melgueil.

Notum sit omnibus hominibus que Ermengardz de la Faja et Uc Sirventz, sos maritz, et Uc, lor fillz, et Raimunda, lor filla, et P., sos maritz, et Claria, sorr d'eissa Ermengard, et Audiardz

---

(1) La date de cette pièce doit être celle de la précédente où l'on retrouve plusieurs des personnages figurant ici.

lor boda, et Durand de Silz, sos maritz, nos tuit esseins que aici em sobrescriut donam et lauzam et assolvem, senes tota retenguda que no i fam, a Deu et a sancta Maria et alz fraires del Temple de Jherusalem, presentibus et futuris, en aquel temps qu'en Fortsauz era procuraire de la maio de Vaor, tot lo dreig et la razo que nos aviam et aver deviam et tener, juste et injuste, en tota la terra et en la honor de Saint Jolia, on anc meillz nostre linatges la ao et la tenc dintz la parrochia de Saint Jolia. De tot aquest do, si co sobrescriutz es et on meillz lo pot on entendre per bona ie avem plevit et jurat sobre saintz evangelis que jamai per nos ni per nostre cosseil no lor siquist ni demandat (1), mas que aja tenezo per totz temps, en sian guirent dreiturer de totz homes et de totas femenas alz fraires sobredigz del Temple, presentz et endevenidors. Et, per aquest do et per aquest assolvement, P. de Tudella, comandaire de Vaor, que aquest do pres et receup, intz en la maio d'en P. Sirvent, a lor donatz CLXX sol. de melg., si qu'el sen tengro per pagat. D'aizo so testimoni Ram. Ameillz et Audeguers et Ameilz Vassalz et Bernatz de la Vaurella et G. de Ro et P. Sirventz et Gramavis et B. Escortgalop; e de la part Ugo Sirvent et de sa moiller et de so fill fo testimoni pregat Augers et P. del Broil et Bernatz Arnalz et G. sos fraire et W. Escortgalop et A. del Vallat et P., lo capellas de Vaor, que aquesta carta escrius. Anno ab Incarnatione Domini M° C° LXXX° V°, mense januarii (2), feria VIª, Lucio papa Rome, Philippo rege regnante.

XCVII

(65) — 1185, mars [1186]. — R. Baudis cède au Temple représenté par Fort Sans et par G. Aton, administrateurs ou bailes de Vaour et

(1) Ce mot et les deux précédents semblent altérés.

(2) En janvier 1185 [1186] Urbain III était pape et non plus Lucien III mort le 25 novembre 1185 ; la nouvelle de cet événement n'était peut être pas encore connu en Albigeois au mois de janvier suivant ou bien le scribe ayant déjà dans maintes pièces mentionné le pontificat de Lucien l'aura inscrit ici par habitude. Cette dernière hypothèse paraît le plus vraisemblable.

des domaines de Castres et de Saint-Laurent de Maynet, ses droits sur Gaubert Achard de Bioule, pour 15 sous de Melgueil et de Cahors.

Notum sjt qu'en R. Baudis affranquet et assols a Deu et a sancta Maria et a la maio del Temple de Jherusalem, per bona fe, senes engan, Gauzbert Achart de Biule en ma d'en Fortsauz et d'en W. Ato, que ero fraire et donat de la maio sobredicha del Temple et aministrador et baile en aquell termini de la maio de Vaor et de las honors de Castras et de Mairessi, per nom de la maio del Temple de Jherusalem. Aquest assout fecit R. Baudis a'n Gaubert Achart, deliurament, senes tota retenguda, in ecclesia de Castras, denant Fortsauz et denant W. Ato et en lor ma ; d'aital guia que el jamai re no il queira ni li deman per seingnoria ni ad effant que ell ja aja, en neguna guia, ni hom per so cosseil ni per sa voluntat. En Fortsauz et W. At recenbro aquest assout per Gauzbert Achart en lor ma, en aici co sobredig es. Cujus rei sunt testes Catre de Brunequell et Bernatz del Mur, lo capellas. Poissas, d'autra vegada, R. Baudis autorguet et reconoc aquest assout el castell de Biule, denant Catre meteis sobredig, que era fraire et donatz de la maio del Temple; et donet per aquest assout a'n R. Baudi eis Catre XV sol. entre melg. et caorcencs, si qu'el'sen tenc per pagatz. Cujus rei sunt testes Stephanus de Vilars et Ugo del Broil et R. Juliani et P. de Sancto Riperio et Benedictus Fabri. Hoc fuit factum anno Domini Incarnationis M° C° LXXX° V°, mense marçii, Lucio papa (1), Philippo rege regnante.

XCVIII

(59) — 1186, juillet. — Bernard Goudal et sa femme vendent au Temple représenté par le commandeur de Vaour, Fort Sans, une

(1) Pour cette date, même remarque que pour celle de l'acte précédent, à moins toutefois que le quantième (non exprimé) du mois de mois de mars soit le 25 ou l'un des jours suivants, auquel cas l'an 1185 ne devrait pas être considéré comme exprimé dans l'ancien style. Mais la place qu'occupe la pièce dans le ms. (n° 65) nous porte à admettre plutôt l'hypothèse de l'ignorance ou de l'inattention du scribe.

terre, une prairie et tous leurs droits dans le domaine de Saint-Julien, pour 30 sous de Melgueil.

Conoguda causa sia a totz homes qu'en Bernatz Godals et sa moiller Audiardz au donat et assout et gurpit, per bona fe, senes engan, a Deu et a sancta Maria et alz fraires del Temple de Jherusalem, ad aquellz que ara i so ni adenant i serau, en aquel temps qu'en Fortsauz era comandaire de la maio de Vaor, la terra el prat et tot quant avio a ffar en la honor de Saint Jolia, on meilz eil la i avio et aver la devio. Et de tot aquest do, si co sobrescriutz es ni hom meillz lo pot entendre, per bona fe, a plevit et mandat Bernatz Godals et sa moiller, en la ma de P. de la Casa, que el aja ferma tenezo per totz temps en sio guirent dreiturer de totz homes et de totas femenas alz fraires sobredigz del Temple. Et Autgers et Durantz de Goado et P. sos fraire, au ne mandada guirentia per lor alz fraires sobredigz presentz et endevenidors. Et per aquest do li fraire au lor donatz XXX sol de melg., si que sen tengro per pagat. D'aizo es testimonis Matfres de Monteilz, Bernatz Arnalz et Bernatz de la Vaurella et Ademars del Vallat, W. sos fraire et Gramaius et Bernatz Escortgalops. Anno ab Incarnatione Domini M° C° LXXX°VI°, mense julii, sub die dominico. Octaviano papa Rome (1), Philippo rege regnante. Petrus scripsit.

XCIX

(74) — 1186, décembre. — Bec Rabis abandonne au Temple représenté par le commandeur de Castres, Fort Sans, ses droits sur les biens acquis d'Amiel Cinefre, moyennant l'extinction du gage qui grevait son moulin de Monclar.

Conoguda causa sia a totz homes presentz et endevenidors qu'en Bec Rabis a donat et assout et gurpit per totz temps a Deu et a sancta Maria et alz fraires del Temple de Jherusalem,

(1) Urbain III occupait à cette époque le siège pontifical et l'anti-pape Octavianus était mort en 1161 ; l'erreur du scribe est évidente.

alz presentz et alz avenidors, en aquel temps qu'en Fortsauz era comandaire de la maio de Castras, tot quant querre ni demandar podia per qualque razo o per qualque dreitura re querre ni demandar pogues, en tota la honor d'en Ameil Cinfre, on meilz Fortsauz et li fraire del Temple la avio et la tenio et la avio presa et receubuda, ab lo fill d'eis Ameil Cingfre. E per aquest do, si co sobrescriutz es et on meillz lo pot on entendre per bona fe, mandec ferma guirentia Bec Rabis de totz homes alz fraires del Temple et la lauzec el seu moli d'a Monclar, que trais de peinz d'eis aquest aver. D'aizo es testimonis et guirentz Pouz de Tolosa et R. Ameilz de Peireilla et Uc de la Verna et Bernatz delz Fanguelz et At Painnos et Escarlata, que era veguers per comte de Brunequel. Anno ab Incarnatione Domini M° C° LXXX° VI°, mense decembris, feria IIII³, Octavio papa Rome (1), Philippo rege regnante. Petrus scripsit.

C

(85) — 1191. — Amiel de Maurestein donne au Temple représenté par le commandeur de Vaour, P. le chapelain, et par Amiel de Penne le tiers de la dime du Cayrou et divers autres biens (2).

Notum sit qu'en Ameilz de Maurestain, per amor de Deu et per redemptio de sos peccatz et per s'arma salvar, donet a Deu et a sancta Maria et a totz los fraires alz presentz et alz avenidors de la maio del Temple de Jherusalem la terza part de tot lo deime de la gleia del Cairo en meillz i es e Combacaillol et Vinea-fescal, et la versana de la terra que es apellada (3), on meilz i es aici co la maire del estanc la part ad en aval, et tota la terra de Poig-Grimoart on meilz i es, el cambo de Merlecastell, e tota la terra de la Oliveira de sobrel batut on meilz i es, et la terra qu'en P. Macip tenia de lui a la font de Saint-Jolia. E sia conogut que tota aquesta terra et aquesta honor aici

(1) Voyez la note précédente.
(2) Au dos du parchemin : A Sanct Jolia, deyme. (Ecriture du XVI° s.)
(3) Nom en blanc dans lo ms.

co sobredicha es, et tot lo deime de totas aquestas terras que
sobredichas so, for cant la dreitura de la capella quant s'i
escaira, et la terza part del autre deime sobredig donero et
autorguero per bona fe n'Ameilz de Maurestain et Bernatz de
Maurestain sos botz et na Bertranda sa sorr et eissa na Jordana
lor maire, zo es a saber en ma d'en P. lo capella, que era coman-
daire de la maio de Vaor, et de Ameil de Penna, a Deu et a
sancta Maria et a totz los fraires del Temple de Jherusalem et de
la maio de Vaor, ad aquellz que ara i so ni per adenant i serau;
si qu'en Bernatz de Maurestain et na Bertranda sa sor, per
cosseil et per voluntat de lor maire et d'en Mota lor oncle et de
Bompar, que ero lor meillor cosseilz, jurero sobre santz evan-
gelis, on hom meilz lor o saup enquerre ni demandar, tot
aquest do enteirament que tenguda agues per totz temps, et que
cil neguna re no i demandesso pei anpar ni hom per lor, mos
que o tenga la maios de Vaor aita francament co cil tenrau la
lor part. Et sia conogut que, se neguna re i demandava hom per
failliment, Bernatz de Maurestain et na Bertranda sa sorr lau-
dero ne bona et ferma guirentia sus en tota la lor part d'eis lo
deime de la gleia d'al Cairo, zo es a saber a totz los fraires de la
maio del Temple de Vaor. Et sobre tot aco Mota et Bospart
mandero lor ne bona guirentia per bona fe per prec et per man-
dament d'en Bernat de Maurestain et de sa seror et de na Jordana
lor maire. Tot aquest do, aici co sobredigz es ni n'Ameilz de
Maurestain lo donet per bona fe a la maio de la cavallaria, au-
torguet Ram. Berals a totz los fraires del Temple e de la maio
de Vaor, alz presentz et alz endevenidors, per prec et per man-
dament d'en Ameil de Maurestain et d'en Bernat son bot et de
na Bertranda, salvas sas seinnorias que i retenc quant s'i escai-
rao. Et sia conogut que en eis aquest acorder sobredig Bernatz
de Maurestain et na Bertranda sa sor et lor maire donero et au-
torguero per totz temps los pasturals elz abeuradors et las
spleitas delz boscs, de malafaita e fora, en tota la lor terra vas
on que sia, zo es a saber a totz los fraires del Temple de la
maio de Vaor. Et totz aquestz dos, aici co sobredigz es, fo faigz
per nom a Penna, jos en l'obrador sotira de lor del vallat, et so
ne testimoni pregat d'ambas partz Ram. Ameilz lo dontz et
Malfres de Monteillz et Ameilz Vassalz et Bernatz At et Mota

et Bospars, per cui cosseil o feiro, et Bernalz Arnalz et W. del Vallat et Bernalz de la Vaurella que la carta feiz per prec d'ambas parlz. Anno ab Incarnatione Domini M° C° XC° I°. Bernardus scripsit.

CI

(89) — 1191. — G. Rigal donne au Temple représenté par le commandeur de Vaour, Arnaud de Bos et le chapelain Pierre, ses maisons de Cahuzac et ses droits sur divers biens et personnes (1).

In nomine Domini nostri Jhesu Xpisti. Sia conogut ad aquels que ara so ni adenant serau que eu W. Rigals doni et lauzi et autorgui per salut de m'arma a Deu et a sancta Maria et a totz los fraires del Temple de Jherusalem presens et endevenidors las mias maios d'a Causahc, totas enteirament on meilz las ei ab totas sas aizinas al meu ort d'al toron e la mia boria d'a la Valeta els pratz el erm el condreg, et tot aquo que ei a far em bosc Rossel, on meilz l'i ei, so es a saber la condamina d'a la Valeta e la terra de sobrel bosc d'a la Beretresca, e la terra d'a pug Gaviol e la terra d'al Albarel et la terra de Belvezer e la condamina de la Deveza et la terra d'a Font-major e la terra d'a la Figareda e la terra d'a Cumbacava e las terras que ei em peinz d'en Pouzo de la Garriga e de sa moiller per XL sol. de Ramundenx, so es a saber la terra d'a Negaveilla e la terra d'a Masarenx e las terras d'a V peiras, que ei em peinz de B. d'Amarenx per XXX sol. de Ramundencz, el prat d'a Boscgrailler els eissartils e las bartas on meils las ei e la bordaria d'al Sesziu, on meilz i es, els homes e las femenas quen so. Et donet atressi W. Rigalz sobredigz als fraires del Temple los seus homes del castel so es saber W. de Molas e B. so fraire e Pouzo et R. lor cosi e Peiro de Causahc que esta a Cabanas e Ram. so fraire e Peiro e Duranta, lor sorr, el feu J. de la Bertresca e de sos botz. Tot aquest do enteirament, si co sobrescriut es et on meilz lo pot hom entendre per bona fe

(1) En tête de l'acte : *De Cauzac*. (Ecrit. du xive s.)

lauzet et autrejet et assolz Lombarda, sorr de W. Rigal, e Bec sos fillz, e Lombarda, sa boda, e Bern. Moretz, sos maritz, a Deu et a sancta Maria et alz fraires del Temple presenz et endevenidors, e la ma d'en Arnaut d'a Bos (ou Dabos) que era comandaire de la maio de Vahor, e de fraire Peiro, lo capella, que aquest do receubro e presero ins e la lor maio a Cahusac. De tot aquest do e d'aquest autreiament so testimoni Peiro W., en Ram. Aimericz e Durantz, sos fraire, en Duranz de Soeil, lo capellas, en W. Frotartz, en Ram. de la Roca, en Azemar de la Garda e d'autres moutz. Anno ab Incarnatione Domini M° C° LXXXX° I°, Celestrino (sic) papa Rome, Filippo rege regnante. Petrus scripsit.

CII

(66 bis) — 1192, avril. — Jean de Fontanes ratifie en faveur du Temple représenté par le commandeur Doat Dahas, successeur de Fort Sans, l'acquisition d'une vigne (située à L'Auriol), moyennant 5 sous d'acapte. (Conf. n° XIX.)

Seguentre la mort d'en Fortsanz Doatz Dahas, que fo comandaire en loc de lui, acaptec aquesta vinea d'en Johan de Fontanas, et donec lin V sol. d'acapte, et Johan de Fontanas laudec et autorguet et refermet a'n Doat Dahas et a la maiso del Temple aquesta cissa carta et aquesta cissa vinea sobredicha senes tot ces et senes tota scinnoria que no i retenc, mos tota autra seignoria i retenc quant i avenra. D'aizo fo testimoni Persia, W. del Vallat et Ademars, sos fraire, et S. Bernatz, filius Petri de Moillac, Uc de Moillac, mense aprilis, anno dominico M° C° LXXXX° I°. Idem Geraldus Bontos scripsit.

CIII

(93). — 1192. — Les chevaliers et prudhommes de Montagut, du consentement de l'évêque d'Albi, Guillaume, abandonnent au Tem-

ple représenté par Pierre, le chapelain, Arnaud de Bos, et S. Arnaud
la chapelle du dit lieu. — Publié par M. Rossignol (*Monographies*.
III, p. 286).

Notum sit que toig li cavaler e tug li fill dolz cavalers de
Montagut e tug li barria e li autre prohome del castel, ab cos-
seil et ab voluntat d'en W., lo bisbe d'Albi, donero et liurero a
Deu et a sancta Maria et alz fraires del Temple, ad aquelz que
ara i so ni adenant i serau, la capella d'a Montagut ab totz sos
aperteinz et ab aitals adissidas coma d'aissi ad enreires a agudas
ni per adenant la venrao, tot francament senes toto servitut, si
con es de comus et d'obras e de gachas et d'albergas, ni neguna
autra servitut non devo far li fraire del Temple al castel de
Montagut ni als abitadors d'eis lo castell. Tot aquest do, aizi
coma sobrescriut es ni hom lo pot entendre per bona fe, fetz
et autorguet Huc de Malafalgueira, en B., sos fraire, en Calvetz
de Malafalgueira, en Pouz de Lator, en W. de la Illa e sei
fraire, et R. de la Illa e sei fraire, en Aremanz, en Bertranz de
Montagut e sei efang, en Dauzatz et sei efant, en Ram. de
La Tor, en Rocafortz, en B. Pouz, en B. de S. J. e sos fraires,
R. At, en P. Ameilz, en Isarn Bernartz et sei fraire, en B. At
de Castelnau, en Ami, en R. Ameils, en Jeitzagz, en R. Macipz,
en Vilarz, en W. de Mazerac, en B. Uc, en P. Bernatz, en R.
At e sei fraire, en B. Ramonz, en P. Ameilz, en W. Ameilz, en
P. At de Rocomaura, en Rocomaura, en B. At de Monteilz, en
Ademarz de Monteilz e sei efang, en Arnalz de Cotenx e sei
fraire, tuit aquest sobrescriutz donero et autorguero aquest
do sobredig per lor et per totz los autres homes del castel,
sio cavaller, sio donnas, sio barria, o autre prohome d'eis lo
castel de Montagut. Et sia conogut que li fraire de Vahor,
zo es a saber Peire, la capellas, en Arnautz Debos, en S. Arnautz
receubro aquest do sobrescriut per lor et per totz los autres
fraires del Temple, a Montagut, dins la capella per num. Anno
ab Incarnatione Domini Mo Co XCo et II. Bernardus scripsit.

CIV

(94) — 1192. — Accord en vertu duquel la sœur et héritière de Pierre Amiel confirme en faveur du Temple représenté par le commandeur de Vaour, Bertrand Bonafous, des donations faites par son frère de biens situés à Roussergues et à Murcens, en se réservant la seigneurie de ce dernier domaine et moyennant 230 sous de Melgueil en outre de l'extinction de divers gages (1).

Notum sit qu'en Peire Ameilz, el malaueg de que moric, e sa vida et e sa bona memoria donet e laisset si meteis a Deu et a sancta Maria et a la maio de Vahor, e, per amor de Deu e per redemptio de s'arma, donet e laisset a la maio de Vahor et als fraires del Temple tota la soa cundamina el prat e las vinnas d'a Rauzargas, de la via ad esus, que que i sia vas Puigsegoz, on meils i es ni Peir'Ameilz ni n'Ademarz Vassals sos pairo ni hom de lor linnatgue o tengro ni o agro ni hom per lor. E laisset lor atressi lo bosc de Murzengz, tot lo dreig e la razo, qu'en Ademarz Vassalz sos paire i tenc ni l'i ac ni hom per lui, et on meilz eis Peire Ameilz l'i tenia e totz los servezis el usatgues que li veger ni negu home autre o enquera femenas devo far a sseinnor, per eis aquest bosc sobredig. E laisset lor atressi tot can el ni sa sor Gaucelma avio a far en P. de Vilar. E sia conogut que na Gaucelma, sa sor, moc contrast e plaig als fraires de la maio de Vahor de la laissa sobredicha de Peiro Ameil, so fraire, que no credia que vera fos, mas que dizia e razonava que se be tot fos vera non podia laissar la sua part ; e li fraire de la maio de Vahor dizio e razonavo que si podia be, et ela que non podia aquesta laissa tornar atras, e per aizo car ella era creteira d'en Peiro Ameil, so fraire, e que avia las causas que foro d'en P. Ameil presas e apoderidas. D'aquest plag se fermero li fraire de la maio de Vahor ab na Gaucelma e ma d'en Ram. Ameil e d'en Matfre de Monteils e d'en Pouzo Ato e d'en B. Arnal ; e davant aquestz proero li fraire de Vahor per proshomes, si que o jurero sobre sancta envangelis, que la

(1) Au dos du parchemin : *Prep de Rossergas.* (Ecriture du XVᵉ s.)

laissa qu'en P. Ameilz lor avia faita era vera ; e li prohome que
o jurero foro aital P., lo capellas de Vahor, en B. de la Vaurella,
en Ameilz Vassals, en B. At, en W. de Rro, en Ram. Ot, en W.
de Vallat. E, auzidas totas las razos del plag, acordero so
Bertranz Bonafos, lo comandaire de Vahor, e na Gaucelma que
fezeso fi del plag sobredig que avio per conoissenza delz jutgues
sobredigz, e la fis es aitalz : que na Gaucelma credet et autor-
guet que vera fos la laissa qu'en P. Ameilz avia facha a Deu
et a sancta Maria et alz fraires del Temple, alz presenz et als
endevenidors ; e sobre tot eissa Gaucelma donet et assols e
guerpi per totz tempz a Deu et a sancta Maria et a totz los
fraires de Vahor e del Temple de Jherusalem, alz presenz et als
endevenidors, e ma d'en Bertran Bonafos, lo comandador de
Vahor, que o receup per lor, tot quant querre ni demandar podia
per alcuna razo en totas las honors sobrementagudas qu'en
Peir'Ameils avia laissadas ni donadas a la maio et als fraires de
Vahor e'n Peire de Vilarz. E sia conogut que na Gaucelma
retenc, en aquesta fi sobredicha, la seinnoria dels corsses dels
veguers del bosc de Murcengz, siu home o femnas, d'aitant e fora
quant aperte als usatgues et als servizis que devo far per lo bosc
als fraires de Vahor, aici coma desobres os mentagut. Et eissa
Gaucelma juret sobre santz evvangelis que ella aquesta fi et
aquesta laissa tenga fermament per totz tempz, si quo ella ni
hom ni femena per lei, per son dig ni per son man ni per so
cosseil, ni ab sa voluntat noca deman neguna re plus que autrei
home estrain, en tota questa honor sobredicha qu'en P. Ameilz
donet a la maio de Vahor ; e deu ne far guirentia per bona fe.
E per aquesta fi e per aquest sout sobredig, Bertranz Bonafos,
lo comandaire de Vahor, donet ne a na Gaucelma CCXXX sol.
de melg., si que sen tenc per be pagada. E, sobre tot aizo, li
fraire de Vahor traissero de peinz tota la condamina el prat
sobredig d'en W. del Valat e de sos fraires de CXX sol. de
melg.; e pagero de baratas d'en P. Ameil e de messios que feiro
e lui C sol. de melg., tot per aquesta honor sobredicha, mas
quant XVI sol. de caorc. que i ac que foro donag per la vinna
menor a'n Rainal Torner. Totz aquestz acorders et aquesta fiz,
aizi co sobredicha es, fo faita per cosseil e per voluntat d'en B.
de Penna, que tot lo plag menava per na Gaucelma, al vallat,

per nom a Penna. E foro ne redug per testimonis pregag d'am-
bas partz P. W., en Autgers, en Olivers lo fil d'en Audeguer, et
eis Bernatz de Penna, en B. At, en Ameilz Vassalz, en W. An-
dreus, en W. del Valat, en Ram., sos fraire, en Gramavis, en
Ponz d'Alas, en G. Audis, en B. de la Vaurella que la carta fetz
per prex d'ambas las parz e d'autres moutz. Anno ab Incarna-
tione Domini Mº Cº XCº et II. Bernardus scripsit.

CV

(83) — 1193, juin. — Bernard-Aton de Castelnau se donne avec
divers biens au Temple représenté par le commandeur de Vaour,
Bertrand Bonafous, et par Pierre, le chapelain (1).

Notum sit omnibus hominibus qu'en Bernatz At de Castelnou
donet et liuret so cors Deo et beate Marie et fratribus Templi de
Jherusalem, per salvament de s'arma et per redemptio de sos
peccatz ; et sia conogut que li fraire del Temple, zo es a saber Ber-
trantz Bonafos, que era comandaire de la maio de Vaor, et fraire
P., lo capellas, ab lo cosseil et ab voluntat delz autres fraires de la
maio de Vaor, lo receubro per fraire de la maio e l'acoilliro en tot
lo befaig de la maio, en vida et en mort. E sia conogut que, ab so
cor et ab sa bona voluntat, et en presentia d'en Bernat de Malafal-
gueira et de n'Aiguina, filla d'en B. Ato, que Bernatz At de Castel-
nou donec et autorguet Deo et beate Marie et fratribus Templi,
presentibus et futuris, tota la sua terra que el avia et tenia a Bor-
das, zo es a saber aici coma se devezis ab la fazenda de Rocafort e
sen va entro en Vera, et d'avas l'autra part se devezis ab la fazenda
d'en Bernat Ademar ad en aval tro en Letmant, zo es a saber sio
terras o prat o albre, tot o donet a la maio del Temple. Et donet
atressi la sua bordaria que avia a Candeza, on meilz la i avia ni
la tenia, ad eissa la maio del Temple ; et atressi donet la sua
vinca de la Font, el ces queil devio li ome de la Font, zo es a
saber I sester de civada. Et eis Bernatz At donet alz fraires
sobredigz la sua bordaria de la Olmeira e la condamine que s'i

(1) Au dos du parchemin : *Castelnuo* (Ecrit. du XVᵉ s.) et *Castelnau*
(XVIᵉ s.)

te. E donec atressi eis Bernatz At a la maio del Temple tot aquo que ell avia a ffar el mas de Mossareiras. De tot aquest do sobredig fo testimoni Bernatz de Saint Johan et R. At, sos fraire, et R. de Montagut et Saissetz et Vilars et Durantz del Fraisso, lo capellas, et P. Capois et Bernatz Arnalz, que la carta dictet, et Petrus scripsit. Anno ab Incarnatione Domini M° C° XC° III°, mense junii, sub die dominico, Celestino papa Rome, Philippo rege regnante. Et sia conogut que eis Bernatz At donet alz fraires sobredigz del Temple la sua pignora que avia, en la honor de Bordas, d'en Riquer et de sos fraires, zo es a saber CCCCX sol. melg. Testimoni eissi li prohome sobredig.

<h2 style="text-align:center">CVI</h2>

(81). — 1193. — Accord d'après lequel les droits du Temple sur plusieurs personnes du Cayrou sont reconnues par R. de La Vaur et sa femme.

Notum sit qu'en R. de Lavaur et sa moiller, na Sclarmonda, agro plaig ab P., lo capella de Vaor, et ab los autres fraires de la maio de Vaor en ma d'en Pouzo Ato, lo canorgue, et d'en Bernat Arnal. El plaigz era aitals. Ram. de Lavaur dizia et razonava, per si et per sa moiller, qu'en G. del Cairo et sei effant ero lor et tota lor teneuza, et per aital raza quar fora d'en Ameil Audeguer et de sa filla n'Aiglina, et quar o fora devia esser seu et de sa moiller. E P., lo capellas, et li autre fraire de Vaor dizio et razonavo que n'Aiglina, ab cosseil et ab voluntat d'en Ameil Audeguer et de sa maire, donet et relinquit per totz temps G. del Cairo et sa moiller et sos effantz et sa teneuza, on meillz la avia ni la tenia, a Deu et a sancta Maria et alz fraires de Vaor, ad aquelz que lara i ero ni adenant i serau; et aizo que vers fos proero o aondosament, per conoissenza delz jutges sobredigz, per Durant del Fraisse, lo capella, et per Arnal de la Roca, et per G. del Cairo et per sa moiller; et dissero mai las provas que li fraire de la maio de Vaor traissero de peingz G. del Cairo et sa teneuza d'en Matfre de Casals et de n'Audiart, sa moiller. Et, auzidas lor razos d'ambas partz, Pouz, canor-

gues, et Bernatz Arnalz conogro et dissero que era vers lo dos
sobredigz. E sia conogut que en cis aquest plaig demandava
Ram. de Lavaur et sa moiller Columba et sa filla. Et sia cono-
gut qu'en Ram. de Lavaur et Esclarmunda, sa moiller, et P.,
lo capellas, et S. Arnautz, per lor et per los autres fraires de la
maio de Vaor, s'acordero et autrejero entro lor que de totz los
contrattz elz demantz ques fazio en aquel plaig quen fezesso
aital fi et aital acord co dizerio ni retrairio Poutz At ni Bernatz
Arnalz; et la fis et l'acorders fo aitals. Ram. de Lavaur et na
Sclarmunda, sa moiller, donero et autorguero et relinquiro G.
del Cairo et sa moiller e sos effantz et totas lor teneuzas; et en
eissa aquesta fi autorguero que vers era lo dos que n'Aiglina,
la maire de na Sclarmonda, avia faig a la maio de Vaor, aici co
eil lo querio, isters lo casal de la gleia del Cairo, que retengro
en aquesta fi Ram. de Lavaur et sa moiller. Et fo dit que aquest
casal agues per totz temps G. del Cairo et li seu ab lo quart et
ab lo quint, et aco que fos en conoissenza delz jutges sobre-
digz. E sia conogut que en eissa aquesta fi donero et relinquero
alz fraires sobredigz la filla de na Columba, Ermessen, la filla
d'en Garsias, et lor filla Joanna elz effantz que de lor issirau.
Et, en eissa aquesta fi, autorguero et relinquero totz los dos e
las laissas qu'en Ameilz Audeguers ni Aiglina, sa filla, avio
faigz a la maio de Vaor ni a'n Fortsauz ni alz fraires que lara
i ero ni per adenant i serau qualque do sio o erm o condreig.
Tota aquesta fis et aquest acorders sobredigz fo retraigz per
los jutges mentagutz et autorgatz per R. de Lavaur et per na
Sclarmunda sa moiller, al port sobrel moli d'Auriola. E foro ne
testimoni pregat d'ambas partz Bernatz de Breto, lo capellas,
et W. del Vallat, lo menre, et Bernatz Escorgalop et Bernatz
Ermengaus et S. Arnauz et P. G. et Bernatz de la Vaurella, que
aquesta carta fetz per prec d'ambas partz. Anno ab Incarna-
tione Domini M° C° XC° III°.

CVII

(83 ter). — 1193. — Bertrand de Coutens abandonne au Temple
représenté par le commandeur de Vaour, Bertrand Bonafous, des

droits ou redevances sur divers biens situés près de Puycelsi et est
admis au nombre des Frères du Temple (1).

Conoguda causa sia a totz homes, ad aquellz que ara so ni
adenant serau, qu'en Bertrantz de Cotenx, ab cosseil et ab
voluntat d'en G., so fraire, donet et autorguet Deo et beate
Marie et omnibus fratribus Templi jherosolimitani, presentibus
et futuris, la lor vinea d'a Poigcelsi, laqual vinea avio em peinz
li malaute del castell de lor per CC sol. de melg. E donec lor
atressi tota la onor qu'en Bernatz de Garzaleiras tenia de lor, zo
es a saber la sua vinea d'a Prat-peiros ab I diner de reire acapte
et ab VI diners de ces cadan a Nadal a lor autras scinnorias
quant i avenrau, el casal de Fontcalmesa, et l'ort de Fontlonga
et la vinea que te Davi Capita de lui, et d'autra part tenia de
lor meteisses las doas partz de la vinea de Malapeira et II ses-
ters de civada que li ome de la Broa lor devio a mesura veilla.
Et atressi donet ad eisses los fraires sobredigz del Temple pre-
sentz et endevenidors totas las terras et las honors on meilz las
avio et aver las devio de Ro ad enza, vas on que sio, zo es a
saber lo mas de las Carreiras el mas de Montmauri el mas de la
Cot et XII d. de ces que avia cadan a Nadal el moli de Matfre
de la Costa, et VI d. de ces que Daide Joglars li devia de la vinea
redonda et VI. d. de reire acapte et lor autras seinnorias quant
i avenrau, et Daide Moseigz III d. de ces de la sua vinea et VI
d. de reire acapte et lor autras seinnorias, et R. Guinabertz VI
d. de ces cadan de la sua vinea d'a Font-marina et XII d. de
reire acapte quant i avenrau et lor autras seingnorias. Tot
aquest do, si co sobrescriut es et on meilz lo pot om entendre
per bona fe, lauzet et autorguet Guiralz de Cotenx, fraire de
Bertran, Deo et beate Marie et fratribus Templi, presentibus et
futuris, en la ma d'en Bertran Bonafos, lo comandador de Vaor,
et juret sobre saintz evangelis que jamai en tot aquest do
sobredig re no queira ni deman ni om per lui. Et per aquest do,
receubro Bertran per fraire en tot lo befaig de la maio. Testi-
moni B. de Garzaleiras et Bertran, lo comandador, et fraire P.,

(1) Au dos du parchemin : *De Puechselsi* (Ecriture du xvᵉ s.) et *Pechselsi*
(xv1ᵉ s.).

lo capella, et S. Arnaut, et R. Pellicer et tuit li autre fraire.
Anno M° C° XC° III°.

CVIII

(82). — 1194, janvier [1195]. — Gaucelme et ses fils cèdent au Tem-
ple représenté par le procureur de Vaour, Pierre, le chapelain, leurs
droits sur la dîme de Saint-Julien et de Serremejane, ainsi que sur
les biens donnés au Temple par P. Amiel et prêtent hommage à
cette occasion (1).

Conoguda causa sia a totz homes presentz et endevenidors
que la dona na Gaucelma et sos filz, Bertrantz de Ponlauro, en
Gaillardz del Poig et A* del Poig, lor fillz, de Gaucelma predicha
et d'en Gaillard, per lor bona, propria agradabla voluntat, et
senes tota forza, solsero et laissero et degurpiro et relinquiro a
Deu et a sancta Maria et a la maio de Vaor et a'n P., capella,
procuraire de la maio de Vaor, et a totz los abitadors de la
davant dita maio de Vaor, alz presentz et alz endevenidors, tot
aquo que eil demandavo ni requerio ni demandar ni requerre
podio ni home ni femena per ellz per neguna mesura, fos dreigz
o tortz o per que que fos el deime de Saint Jolia, vas on que sia,
ni el feu preveiril d'eissa la gleia predicha ni en tota la onor
sobredicha de Saint Jolia ni de Serra-mejana, vas on que jes
n'aja ni aver ne deja, per neguna mesura, et tot en aici, co meilz
es escriut en la carta que P. escrius, segon que ditz en aquella
carta, et solso et laissero et degurpiro eissement, zo es a saber
na Gaucelma et Bertrantz de Pontlauro, sos fillz, en Gaillartz
des Poig et A* des Poig, lor fillz, a Deu et a sancta Maria et a la
maio de Vaor, et a'n P., capella, procurador de la maio, et a
totz los abitadors de la maio de Vaor, alz presentz et alz ende-
venidors, tot aquo que eil demandavo ni demandar podio ni
hom ni femena per ellz en neguna maneira en tota aicella honor
qu'en P. Ameilz laisset a la maio de Vaor et donet, fosso conda-

(1) Au dos du parchemin : *Layci tenebant decimas.* (Ecriture du xv° ?)
et *S. Jolia et Sarremejane* (xvi° s.); en tête de la pièce : *Dins Vaor es*
(xv° s.).

minas o prat o vincas o bosc o usalges o sertizis o scinnorias
o homes o femenas o que quo sia per neguna mancira. Tot en
aici, co meilz anc P. Ameilz o i donet ni o laisset, et tot co
meilz o pot om ni femena entendre ni es escriut en aior(?) la carta
que escrius Bs de la laissa e del do que fetz P. Ameilz prediiz
a la maio de Vaor, segon que es escriut en la carta del do d'en
P. Ameil, tot en aici na Gaucelma et Bertrantz sos fillz et Gail-
lardz del Poig et Aª del Poig per lor et per tot lor ordein o solso
et o degurpiro a Deu et a sancta Maria et a la maio de Vaor et
a'n P. capella, procurador de la maio, et a totz los abitadors de
la maio, alz presentz et alz endevenidors, senes tot retenement
que anc negus de lor no i feiro ni retengro. Et de tota la pre-
dicha solta, aici co meilz es escriut, predicha Gaucelma et Ber-
trantz de Pontlauro, sos filz, et Gaillardz del Poig et A. sos fillz
convengro et mandero far bona guirentia de totz amparadors
et ferma a'n P. capella sobredig et a totz los abitadors de la
maio, alz presentz et alz endevenidors, per bona fe senes engan.
Et tot aizo, aici co meilz es sobrescriut, predicha Gaucelma et
Bertrantz sos fillz et Gaillardz del Poig et A. del Poig, cada us
delz, o pleviro per las fes delz corses, et quen baiset preditz
Bertrantz de Pontlauro en la boca P. capella, per bona fe, que
en aici, co meilz es escriut desus, eli o fesso et o tenguesso per
bona fe et senes tot engan a Deu et a sancta Maria et alz abita-
dors de la maio de Vaor, alz presentz et als endevenidors, per totz
terminis. Et de tota la coveneuza et del autorgament, aici co
mils es sobrescriut, per mandament et per presz de na Gaucelma
et d'en B. so fill et d'en Gaillard del Poig et d'en A. del Poig,
Bs (Bernatz) Aribertz et Gaillardz de Belmont intrero en fide,
per bona fe et senes tot engan a'n P. capella, procurador de la
maio de Vaor, et a totz los abitadors de la maio de Vaor, alz
presentz et alz endevenidors, se de re mespeccavo en lor de las
predichas covenezas ni re degus de lor ne passava en negu
temps de tot aizo, aici co meilz es sobrescriut, quar aici o man-
dero et o covengro per ferma coveneza. D'aizo so testimoni et
vezent de tot eis B. Aribertz et Gaillardz de Belmont et P. de
Vilamur et P. de Tolosa et Daide Bec et Bonetz Aribertz, fillz
d'en B. Aribert, et Daide de Cami et Davis et G. de Saint Serni,
comunals escrivas de Vilamur, que esta carta escrius, mense

januarii, feria II*, regnante Philipo rege Francorum, Ramundo tolosano comite. Anno M° C° LXXXX° IIII° ab Incarnatione.

CIX

(94 *bis*). — 1196. — Raimond Amiel se donne, avec tous ses biens situés dans le territoire dépendant de Penne, à la maison de Vaour représentée par Pons, maréchal du Temple en Provence et dans une partie de l'Espagne, et par plusieurs autres; les fils du donateur approuvent cet acte et sont admis dans une association spirituelle avec l'ordre (1). — Publié par M. Rossignol (*Monographies*, III, p. 284).

In Dei nomine notificetur cunctis quum ego Raimundus Amil, bono animo ac spontanea ob remedium anime mee ac paren-tum meorum dono corpus et animam meam per fratrem Domino Deo et beate Marie ac venerabili militie Templi Salomonis ac domui de Vasor; dono autem mecum prefate domui et fratri-bus omnibus presentibus et futuris ejusdem militie omnes pos-sessiones et donationes quas in die qua me receperunt eis assi-gnavi in eternum; addo enim bona fide predicte donationi quod fratres et omnes res illorum habeant ademprainentum, videlicet paschua, ligna et quidquid accipere vellent, omni tempore per totum terminum castri Penne, pacifice et secure sine ullo gra-vamine licet impedimento leudarum sive pedeticorum. Dono et expresse prescripte domui et fratribus in perpetuum quod in toto termino Penne vendant et emant quidquid voluerint, sine aliqua eorum offensione, et quod habeant stratas, caminos, heremos et populatos, sic quod aliqua vivens persona eis neque suis vel etiam eis qui nomine illorum tenuerint in aliquid molestet, neque a venditoribus, etiam neque ab emptoribus leudam sive pedaticum accipiat nec petat quam ego omnes leudas et pedaticos suarum rerum sive illarum rerum que nomine eorum proclamaverint eis perpetualiter dono. Hanc donationem ut scribitur dono per me et per omnes successores

(1) Au dos du parchemin : *Aisso loca als pasturals de Pena.* (Écriture du XV° s.).

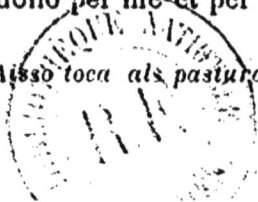

meos, sicut melius dici et intelligi potest, ad hutilitatem pres-
cripte militie Templi et fratrum, in manu et posse venerabilis
fratris Pontii, merescalchii ejusdem militie in partibus Provincie
et in quibusdam Yspanie, honorandi et discreti magistri et
fratris Ademar G., commendatoris de Tolzano, et fratris G.
Fabre et fratris P. de Osca, magistri capellani, et fratris Doatdas
et aliorum plurium Nos itaque frater Pontius merescalcus,
dictus magister et omnes fratres dicti, consilio et voluntate
aliorum nostrorum fratrum recepimus te R. Amil per fratrem.
Ad hoc autem nos R. Amil et Oliver, filii dicti R. Amil, per nos
et omnes successores nostros juramus, tactis corporaliter sacro-
sanctis evvangeliis, vobis Pontio merescalco, honorando magis-
tro omnibusque vestris fratribus, donando corpora nostra militie
Templi Salomonis, quod prescriptam donationem quam pater
noster R. Amil facit sancte domui militie Templi vobis et suc-
cessoribus vestris ratam et firmam absque ulla lesione faciamus
tenere et possidere in perpetuum, sic Deo nos adjuvet et hec
[per] sacrosancta evangelia. Promittimus namque sub eodem
sacramento domum et ordinem vestrum et omnes res vestras
omnibus locis diligere et etiam cunctas personas nostro posse
defendere et quod non tristemur (?) nec offendamus vos necque
domum vestram nec res vestras neque aliquem qui nomen
vestrum proclamet, et quod non sit nobis licitum sine licentia
vestra nulli alii ordini religioni conferre neque transvolare nisi
vestre sancte ordini; in morte autem recipite nos prebendo
sepulturam cum equis et armis nostris, vel cum omni arnesio
quod tunc habebimus. Nos vero frater Pontius merescalcus,
cum consilio et voluntate fratrum nostrorum, recipimus vos
R. Amil et Oliver per nostre domus donatos et participes in
omni beneficio nostro et quod in cimeteriis nostris vobis in
morte sepulturam prebeamus. Quod est actum mense aprilis,
sub anno Domini Mº Cº XCº VIº. Signum + R. Amil qui hoc
laudo et firmo testesque firmare precipio. Sign. + R. Amil.
Sign. + Oliver, nos qui jurando firmamus. Sign. + Bertrandi.
Sign. + B. Sign. + Armandi. Sign. + Beatritz, nos qui hoc lau-
damus firmando. Sign. + G. de Valad. Sign. + Bernardi A.
Sign. + fratris G. Bada, Sign. + fratris G. Macip. Testes sunt.
Guillelmus levita, notarius domini magistri, jussu prescripti

R. Amil et filiorum ejus scripsit et signum (*Ici est représenté le signet du notaire*) hoc prefixit.

CX

(86). — 1199, novembre. — La femme de Pons Baudis cède au Temple représenté par le chapelain et par P. de La Casc une vigne située à Penne, que les Templiers tenaient d'elle et de son mari et de plus les Condamines, pour la somme totale de 100 sous.

Notum sit omnibus hominibus quen na Cumtors, moiller que fo d'en Pouzo Baudi, donec e lauzet et autorguet a Deu et a sancta Maria et als fraires del Temple presens et endevenidors tot lo dreg e la razo que ella avia et aver devia e la lor vinna d'a Penna, laquals vinna eissi li fraire sobredig del Temple tenio de loi e las Condaminas. Tot aquest do, si co sobrescriut es et on meils lo pot hom entendre per bona fe, donec na Cumtorz e la ma del capella e d'en P. de la Casa, per amor de Deu e de s'arma, e d'en Pouzo Baudi, so marit, e de tot so linnalgue, et per aquest do eis Pouz dis donec li C sol. que avia e la peinnora d'en Peiro de Cotencz. D'aisso testes Ram. lo capellas de la Barta, e Bern. lo capellas de Cabannas, et W. de Causac, et Ato de Gradinna, e P. Ocravilla, e Benehet Joglar e G. Joglars. Anno M° C° LXXXX° VIIII°, mense novembris, feria III², Innocencio papa Rome, Philippo rege regnante. Petrus scripsit.

CXI

(87). — 1199, novembre. — Pons Baudis se donne au Temple représenté par Pierre, chapelain de Vaour, et par Pierre de La Case et lui abandonne un domaine situé à Saint-Sernin, avec le tiers de la dîme dudit lieu; Guillaume de Cahuzac ratifie cette dernière cession (1).

(1) Au dos du parchemin : *Lo deyme de Sant-Sarny de la Barte* (Écriture du XVIᵉ siècle).

In nomine Domini nostri Jhesu Xpisti. E͡u Pons Baudis doni
mo cors e m'arma Deo et beate Marie et domui Templi et doni
et lauzi et autorgui, per amor de Deu e per salut de m'arma, a
la maio sobredicha del Temple et als fraires d'eissa la maio, e
la ma de fraire Peiro, lo capella de Vahor, et d'en Peiro de la
Casa, lo meu casal de Saint Cerni, so es a saber la terra els
pratz els albres, tot enteirament, on meils eu o ei et o ten ni
hom ni femna per mi, asi co esta la via que mou d'al for vel de
Saint Cerni en aval entro ins el riu, els homes et las femenas
que d'aquesta honor so, so es a saber Durant Joglar et G. so
fraire e lor maire, e Bencheg Joglar lor cosi. E doni atressi a la
maio del Temple et als fraires sobredigz tot lo dreg e la razo
que eu avia et aver devia ni hom ni femna per mi el deime de
la gleia de Saint Cerni, so es a saber la tersa part que tenia hom
de mi a feu. Tot aquest do d'aquest deime sobredig donec et
lauzet W. de Cauzac, de cui Pouz Baudis lo tenia, a Deo et als
fraires de la maio del Temple presens et endevenidors. D'aizo
so testimoni R. lo capellas de la Barta, et B. lo capellas de
Cabannas, et W. de Causac et n'At de Grandinna e P. Ceravilla
e Bencheg Joglar et G. Joglars. Anno M° C° LXXXX° VIIII°,
mense novembris, feria IIIª, Innocencio papa Rome, Philippo
rege regnante. Petrus scripsit.

CXII

(91). — 1199. — Guillaume de Belmont et sa femme vendent au
Temple représenté par le commandeur de Vaour, Daide de Sainte-
Croix, tous leurs droits sur les personnes et la tenure de Pierre de
Roumanou et sa famille, pour 480 sous de Cahors.

Conoguda causa sia a totz aquelz homes e ad aquellas feme-
nas (que) que aquesta carta veirau ni audirau legir que eu W. de
Belmunt e na Bernada, ma moiller, aven vendut e donat et assout
e dezanparat per totz terminis, senes retenguda que non aven
facha de rre a nos ni ad home per nos, Peire de Romanor e ssa
moiller e lors efanz e lor tenenza, tota hon meillz cil la au ni la

teno, ni sos paire Bernatz de la Roca anc la ac ni la tec de mun
paire Bego de Belmunt. Tot aiso sobredig aven vendut e donat
e assout e dezanparat per totz terminis a Deu et a sancta Maria,
a la maio del Temple, als fraires que aora is so ni adenant i
serau per num a'n Daide de Sancta Crotz, que era comandaire
de la maio de Vaor, et an P. Ramun de Dogenx. E sia paraula
saubuda qu'en Daide de Sancta Crotz, que era comandaire de la
maio de Vaor, ne donec a nos em pretz per vendoa CCCCLXXX
sol. de caorcenez de bos, si que nos noin tenem be per pagaih
et avem lor donada tota la mai valenza, que aora val ni adenant
valra, be escientalment de bo dreg e de bona razo. e serem lor ne
bo guirenc tota hora de totz homes et de totas femenas que re
lor i demandesso per nos ni davas nos. Et tota aquesta vendoa
sodredicha aven lor facha autorguar a'n Ato de Belmun et a'n
G. de Belmunt, que so mei fraire. E sia paraula sabuda que eu
W. de Belmunt sobredigz e ma moiller, na Bernada, sobredi-
cha, aven jurat marves sobre saintz envangelis que ja mai
deman ni contrast ni apel no lor i fassam de rre, nos ni hom
per nos, e que en aici estia ferm per totz terminis con en aquesta
carta es escriut. Aizo fo faih e la maio de la cavallaria, en
aquesta que fo d'en W. Rignal. Et de tot aiso sobredig aven lor
donatz per testimonis P. W., en R. de la Roca, en R. Aimeric,
en P. de la Roca, en Ademar Ameill, en Durant Rotguer, en D.
Proet, en B. de Vaor, e d'autres moutz, e'n Bresz que aquesta
carta escrius. Anno ab Incarnatione Domini M° C° XC° VIIII°.

CXIII

(103). — 1200, 28 décembre. — La veuve d'Amiel Vassal et son fils
cèdent au Temple représenté par le commandeur de Vaour, Ademar
Guillaume, leurs droits sur les biens provenant de Bernard-Aton de
Castelnau et confirment les donations faites à Fort Sans par le dit
Amiel Vassal et ses frères.

Notum sit omnibus hominibus que na Gaillarda la moiller
que fo d'en Ameil Vassal, et P. sos fillz donero et livrero per
totz temps, per amor de Deu et de sancta Maria, alz fraires del

Temple, ad aquellz que ara i so ni adenant i serau, et a per nom a la maio de Vaor tot lo dreig et la razo que cil avio per seinnoria en la terra qu'en Bernatz At del Castelnou donet a la maio de Vaor quant s'i mes. E donero et autorguero totz los dos que eissa na Gaillarda ni sei fraire B. W. ni Pagas ni Ameilz Vassals, sos maritz, avio faigz a'n Fortsauz ni a la maio de Vaor, zo es a saber : los pasturals elz abeuradors elz intrars elz issirs de lor terras, a senes malafaita de laoratz ; et la terra de Balbairac, on meilz li fraire la teno ni la au, et la pignora qu'en W. de Penna ac en Trevan, et totz los dos qu'en Ameilz Vassals avia faigz a la maio de Vaor, de sas terras et de sos bosces. Aquest dos et aquest autorgamentz fo faig en la cort davant la gleia de Vaor, lo dia delz Innocentz, quant nAmeilz Vassals fo sebellitz en la maio de Vaor, per amor de Deu et de la sua arma, si que o pleviro, per lor bonas fes et per sagrament, na Gaillarda et P., sos fillz, que jamai re no i queiro ni demando ni hom ni femena per lor. Aquest do receup Ademar W., que era comandaire de Vaor. Testimoni pregat d'ambas partz Arcmanz de Casals et B. de Maurestain et B. Arnalz et W. del Vallat et W. Faures et W. Rigalz et Matfres de la Costa et P. sos fraire et R. Uc. Anno ab Incarnatione Domini M° CC°. Bernardus scripsit.

CXIV

(60). — 1201, novembre. — R. d'Arzac et sa femme vendent au Temple représenté par P. Guillaume, leur métairie du Garric acensée moyennant 14 sous, 6 deniers Raimondins d'acapte et une redevance annuelle de 14 setiers de blé, mesure de Cahuzac, pour 700 sous de Cahors (1).

Conoguda causa sia que en R. d'Arzac et na Florenza, ma moiller, avem venduda et donada et assouta la nostra condamina d'al Garric, aici co es del maillol d'en P. W. entro en la strada que te vas Gaillac et de la terra d'en Ameil Maurell en aval, laqual condamina nos aviam donada de XIIII sol. et VI d.

(1) En tête de la pièce : *Causac, Arzac.* (Écriture du xive ou xve s.).

de Raim. et per XIIII sesters de froment de ces cadan à la Saint
Jolia, a la mesura mercadal de Causac. Tota aquesta condamina
sobredicha on meilz i es enteirament ab totz sos apertenentz el
ces del froment que om nos en devia, e l'acapte que mentagutz
es, et totas las seinnorias et totz los dreigz, que nos i avian, tot
o avem vendut et assout et donat et relinquit, per totz temps,
senes retenguda, que non i avem facha de re a nos ni ad home
per nos ni de nos, a vos P. Guillem et a tot home a cui vos o
voillatz et a tot vostre deveziment ; et vos avetz noin donatz
DCC de bos caorcenx, et tenem noin be per pagat et avem vos
donada tota la mai valeiza que ara val ni adenant valra, be
escientalment, de bo dreig e de bona razo ; et aveim voin man-
dada guirentia et avem jurat sobre saintz evangelis que jamai
contrast ni deman non i fazam. E de tot aizo, aici co sobredig
es, avem vos donatz per testimonis R. At et R. de la Roca,
Aimeric de la Roca, Ademar de la Garda et R. de la Garda, P.
Isarn et P. Matfre, Isarn de Rodes, Ameil Guiral et Bernat, so
fraire, G. Baco, P. de Saint Cerni, S. lo capella et P. de Vaire-
vinnas que aquesta carta escrius. Anno ab Incarnatione Domini
M°CC° I°, II° die mensis novembris. — Tota aquesta onor sobre-
dicha a donada P. W. per totz tems a Deu et a sancta Maria et
alz fraires del Temple, presentibus et futuris.

CXV

(104). — 1202. — Pierre du Castel, précepteur de Vaour, a fait trans-
crire par son neveu Guibert, chanoine de Saint-Antonin, tous les
titres de propriété de la maison de Vaour sur ce rouleau dont il a
confié la garde à ses Frères de Mouzon.

Notum sit quod Petrus del Castell, preceptor domus de Vahor,
et frater et particeps in beneficio domus milicie Templi de Jhe-
rusalem, in memoriam et recordationem cunctarum possessio-
num et honorum, quos domus de Vahor tunc temporis videbatur
tenere et possidere, fecit facere et scribere hunc rotulum et
hunc translatum, in quo continentur et scribuntur omnes carte

èt omnia instrumenta omnium terrarum et honorum et omnium emptionum et donationum et omnium possessiònum quas ipsa domus de Vahor et fratres possidebant et habebant et ex quibus ipsa domus cartas et instrumenta continebat. Et ipse Petrus del Castell, preceptor supradictus, detulit et reddidit hunc translatum et hoc scriptum domni de Monzon (1) et domino magistro et fratribus ipsius domus ut in eadem domo hoc scriptum servetur et custodiatur, ne de cetero sine hujus scripti et translati memoria carte et instrumenta domus de Vaor que hic habentur et continentur perdantur et destruantur. Hoc scriptum et hunc translatum, mandato ipsius Petri del Castell, scripsit Guirbertus nepos ipsius Petri et canonicus ecclesie sancti Antonini. Anno dominice Incarnationis M° CC° II°, indictione V^a. Innocentio papa Rome.

(1) Ce nom, presque entièrement effacé, a été lu par M. Baudouin, archiviste de la Haute-Garonne. — Monzon, dans l'Aragon, appartenait aux Templiers depuis 1143 et si l'on ne savait pas que les possessions du Temple dans le Nord de l'Espagne et le Midi de la France avaient anciennement les mêmes administrateurs, la pièce CIX suffirait à le prouver.

APPENDICE

Extraits de la *Collection Doat* (vol. 124),

a la Bibliothèque nationale.

᭠᭠᭠

I

1175, 14 mars [1176]. — Le prieur de Saint-Antonin, Etienne de
Morlhon, abandonne au Temple représenté par Fort Sans, maître
de l'ordre dans cette région, l'usage des pâturages, bois et fontaines
à Castres, Saint-Laurent de Maynet et Montricoux, ainsi que la dîme
perçue sur le bétail paissant dans ces paroisses ; le Temple renonce,
en échange, à la dîme acquise d'Amiel de Penne et de son fils sur
les lieux de Sainte-Eulalie et Saint-Antonin. — (Doat, vol. 124, f° 288,
d'après les archives du prieuré de Saint-Antonin.)

Conoguda causa sia qu'en S. de Maorlo, priors de la gleia de
Sancti Antonini venc ad accord ab Fortsantz, que era baillès et
maestre de la maio del Temple en esta terra, et l'acords es
aitals : quel priors soberdichs donec a'n Fortsantz et als autres
fraires de la maio del Temple, presens et advenidors, passatgues
a lor bestiar et esplecha a lor pastos em boscs et en erbas et en
aigues per tota la honor de Castras et de Mairessi et de Mon-
tricofs ; et fetz convenensa eis lo priors a'n Fortsantz que d'a-
questas onors s'acordes ab luy et ab la maio del Temple, a
bona conoguda, per cosseil d'amics communals, et donec et
assols eis lo priors soberdigs a'n Fortsantz et a la maio del
Temple tot aquell deime de lor bestiars, d'aquelas que pasten-
gario en las parroquias d'aquellas gleisas que apperteno a la
gleise de Sancti Antonini. Et per aiso Fortsantz, per si et per

la maio del Temple, donec et assols et gurpic al prior soberdig
et a la gleia de Sancti Antonini tot aquest conquist que avia
faig d'en Ameil de Penna et d'en P. Guillem so filh en aquel
deime de la villa de Sancti Antonini que om appella lo deime de
Sancta Eulalia et de Sancto Antonino, so es tot lo dreg et tota
la razo et tot lo deman que anc n'Ameils de Penna ni n P. Guil-
lems, sos fils, y agro ni aver y pogro en neguna guisa. Et tot
aisso fetz laugar et autorgar Fortsantz, a n'Ameil de Penna et
an P. Guillem, so filh, al prior soberdig et a la gleisa de Sancti
Antonini, si que eis Ameils de Penna, en P. Guillems, sos filhs,
per mandament d'en Fortsantz, donero et assolsero et gurpiro
al prior soberdig et a la gleisa de Sanct Antonini tot quant
querre ny demandar y podio eil ni autre per lor, en neguna
guisa; et, si negus om ni neguna femena venia en contra aquest
do ni en contra aquest absolvement, covengo ne a far bona
guirentia a la gleisa de Sancti Antonini de totz omes et de totas
feminas, per bona fe senes engan. Aquest do et aquest absol-
vement receup lo priors soberdigs per si et per la gleisa de
Sancti Antonini; en Fortsantz receup lo do et la convenensa
soberdicha per si et per la maio del Temple. De tot aiso so
testimoni pregat R. de Granolled, en W. so filh, en Johans de
Fontanis, en Ug de Mollac, en P. de Mollac, en P. del Vallat, en
R. de Fontanis, lo canorgues, en W. Garsias, en G. Donader, en
Pons de Brunequell, en G. Ramunda, et Geraldus Bontos qui
hanc cartam scripsit, que fuit laudata et confirmata ab omnibus
supra nominatis in capitulo Sancti Antonini. Anno Incarnatio-
nis Domini M° C° LXX° V°, pridie idus martii, Alexandro quarto
(*pour* tertio), papa Rome, Ludovico rege regnante.

2

1192, juillet. — Le prieur de Saint-Antonin, R. de Fontanes,
renonce à ce que les Templiers pouvaient devoir au prieuré à raison
des dîmes de Montricoux et des *Cabanils*; ceux-ci, de leur côté,
s'engagent à acquitter régulièrement ces dîmes tous les ans, pourvu
que la possession des dits domaines leur soit garantie. — (Doat, vol.
124, f° 202, d'après les archives du prieuré de Saint-Antonin.)

Notum sit omnibus hominibus presentibus et futuris qu'en R. de Fontanis, prior ecclesie Sancti Antonini, et conventus ejusdem ecclesie se rencuravo dels fraires del Temple que tenio et avio tengudas Castras et Mairessi et Montricols et autras terras de ista la gleisa de Sancti Antonini. Et las rancuras et las corillas ero aitals quel priors soberdigs et li canorgues de Sancto Antonini se rancuravo dels frais del Temple soberdichs, quar no lor avio redutz los deimes de las terras de Montricols et de las terras et de la onor que on appella dels Cabanils ; et aquestas deimes querio de la ora en sa qu'en Fortsantz et li autres frais del Temple conquesero aquestas terras et aquestas onors soberdichas del prior et dels canorgues de Sancti Antonini. Et li frais del Temple respondio ad aizo d'aital guisa que so dizio que de las terras de Montricols ni dels Cabanils no lor devio donar deime, car vas autras partz lo lor era avengut a donar, el prior et li canorgues de Sancti Antonini no lor en avio facha guirentia. Et d'aquesta rancura et d'autras eissament, quel priors et li canorgues de Sancti Antonini fazio dels frais del Temple soberdigs, fecerunt fi et accorder per connoissensa d'en P. de Moillac, et d'en B. Frotard et d'en Persia, en cui sen ero messi ; et li frais del Temple soberdig que ferro aquesta fi foro a per nom P. de la Casa, et W. Mancips que o ferro ab cosseil et ab autorgament d'en Doat Dahas et d'en Bertran Bonafos et d'en Hugo de Moillac. La fis et l'accords es aitals : quel priors et li canorgue de Sancti Antonini lor finiro et lor assolsero tot quant querre ni demanda[r] lor podio d'aqui ad en reire dels deimes de la onors soberdichas de Montricolf et dels Cabanils. Et li frais soberdig del Temple finiro et assolsero per lor et per los autres frais del Temple al prior et als conorgues de Sancti Antonini que jamai neguna re no lor queire ni lor demando de tot aquero que mes ni perdut n'avio d'aqui ad enreire, per occasio dels deimes d'aquestas onors soberdichas de Montricolf et dels Cabanils. Et en eissa aquesta fi fo accordat quo d'aqui enant li frais del Temple reddant cadan al prior et als conorgues de sancti Antonini los deimes a be et a fe de las terras et de las onors soberdichs de Montricolfs et dels Cabannils de tot aquo que eil ne aurau de que devo dar deime, segon los accords que escriut so en lor autras cartas que fora fachas de totas aquestas onors soberdichas ab Fortsantz. El prior et li canorgue de Sancti Antonini devo far guirentia a dreig et a be et a fe als frais del Temple d'aquestas onors de Montricolfs et dels Cabanils, et li fraire del Temple no devo querre emenda al prior ni als canorgues dels deimes d'aquestas honors, si autre los y avio naturalment ni per raso, enant qu'en Fortsantz et li frais del Temple conquesesso aquestas onors del prior et dels canorgues de Sancti Antonini, mas d'aquero que li frais del Temple n'aurau devo donar deime al prior et als canorgues, et ges per ocaiso d'autre deime qui per razo li avia ne devo contrastar al prior ni als canorgues lo lor deime. Et si lo prior et li canorgues de Sancti Antonini la guirentia d'aquestas onors soberdichas de Montricolf et dels Cabannils no la fazia a dreig, aici co far deurio, no devo pignorar ni destregner los frais del Temple per aquest deime de Monricolf et del Cabannils entro que la guirentia fazesso aici co far deurio. De tot aysso so testimoni li prohomme soberdig, scilicet Bertrandus Frotardus, et Persia, et P. de Mollac, et Ug de Mollac, et G. Ramunda, et P. Macips, et G. Alamans, et Campagnacs, et Geraldus Bontos qui hanc cartam scripsit. Anno Incarnationis Domini M° C° XC° II°, in mense julio,.Celestino papa Rome, Philippo rege regnante.

3

1246, mars [1247]. — Olivier de Penne cède au prieuré de Saint-Antonin ses droits sur le mas de *Montbergans* et sur les dimes exigibles dans les dépendances de l'église de Roussergues. — (Doat, vol. 124, f° 309, d'après les archives du prieuré de Saint-Antonin.)

Notum sit etc. quod ego Olivarius de Penna, libera et bona voluntate, reddo et absolvo et penitus derelinque ecclesie Sancti Antonini et priori et conventui ipsius ecclesie et Guirberto, sacriste, et Amelio de Belloforti, camererio, qui hoc pro priore et conventu receperunt, medietatem mansi qui vocatur Montbertgaus cum omnibus pertinentiis suis, qui

mansus est juxtal mas de la Farga et juxtal mas de Poig Pende-
dis et juxtal mas del Cairo ; qui mansus erat proprietas ipsius
ecclesie et exhinc retro per longum tempus tenuerat, et adhuc
aliam medietatem tenebat. Reddo etiam et absolvo et penitus
derelinquo priori supradicto et conventui et Guirberto et Amelio
supradictis omnes decimas ubicumque sint que pertinent ad
ecclesiam Sancti Martini de Rauzargas. Et volo et mando quod
hec redditio et absolutio predicta firma et stabilis in perpetuum
persistat, etc. Quod fuit factum juxta ecclesiam d'Anglars,
videntibus et audientibus Petro de Bosco, preceptore de Vaor,
Pontio Amelio milite, Petro del Vallat, Bernardo Guitard,
Ademaro d'Amarencs, Gausberto de Lauriac milite, Bertrando
fratre suo, R. del Capmas de Penna, P. Molinis, W. Teisseire,
G. de Fanigas, Bernardo filio suo, Bernard Arnaud, G. Faure,
Bernardo de Ces et Guitberto supradicto, qui hanc cartam
scripsit. Anno Domini M° CC° XL° VI°, in mense martii, cum
supra scriptione in quinta linea *tempus*.

4

1247, 27 février [1248]. — Sentence arbitrale en vertu de laquelle
le commandeur de Vaour, Montricoux et La Capelle-Livron, Gaillard
de Pradines, s'engage à exécuter les clauses de la convention conclue
jadis entre le maître de Vaour, Fort Sans, et le chapitre Saint-Anto-
nin touchant la dime à prélever par ce dernier dans les paroisses de
Castres, Saint-Laurent de Maynet et Montricoux et les conditions
d'exploitation de ces domaines (1); le prieur de Saint-Antonin, Guil-
laume, renonce de son côté, à tout ce qui pourrait être dû, de ce
chef, par le Temple. — (Doat, vol. 124, f° 313, d'après les archives
du prieuré de Saint-Antonin.)

Notum sit qu'en W., lo priors de la gleia de Saing Antonin el
couentz d'eissa la gleia, d'una part, et fratre Gaillarts de Par-
dinas, commandaire de Vaor et de Montricols et de la Capella,
per la maio del Temple, d'autra part, se compromelto de con-

(1) Voyez la pièce LVII.

trast que aviu entro lor et de demans que faziu l'us a l'autre
en arbitres, so es a ssaber en Ameill de Belfort en P. del Valat ;
et prometo la una parts et l'autra que d'aquels contrastz et
d'aquels demantz ques faziu que el fariu et tenriu ferm, so es
que li soberdig arbitre ne diriu en retrairiu per dreig o per fi o
per accorder o en qualque maneira o discsso et o difinisso. Et
li deman de la una partida son aital, so es a ssaber : l'avandig
priors el coventz demandavo et queriu a l'avandig commanda-
dor que el tengues en las honors de Montricols, de Castras et
de Mairessi detz pareils de bous, ab tot lor appareillament, per
laorar en las onors soberdichas, de laqual laoransa facha en las
avantdichas honors ab los detz pareils de bous soberdig la gleia
de Sang Antonin agues et prezes lo deime, car aver et penre
len devia, aici coma es contengut en las cartas viellas que foro
fachas sa enreire entr'en Fortsantz el prior el convent d'eissa la
gleia. Demandava atressi al avantdig commandador lo priors el
conventz soberdig lo deime dels borders que laoravo en las
parroquias soberdichas et quel priors el convent pogousse tenir
un lor messatge l'an, cant lo deimes se levaria de las honors
sobredichas a Monricols o en las honors, per scaver del deime
cant lor ne adissiria ; et per so car l'avant digs commandaire et
sei ancessors non aviu aisso complit demandavo li, lo priors el
conventz, moutz de grevitz quin aviu fachs, et que lor emendas
los dans quin aviu suffertatz. L'avantdigs commandaire res-
pondia ad aisso et dizia que anc lo priors nil coventz per luy
ni per sa colpa dan non agro entre de las causas sobredichas,
anz dizia quel priors avia aguda de luy per prest una mula que
no la ill avia ges reduda et queill la ill redes. Empero lo priors
dizia que non era tengutz al commandador sobredig de redre
aquella mula et dizia causa rasonable per que tengutz no luy
era. — Li soberdig arbitre, ausidas et entendudas las razos els
deffendamentz de la una partida et de l'autra, dissero et deffi-
niro per be et per patz et per accorde que las cartas viellas,
que foro fachas sober aquesta honor entr'en Fortsantz el prior
el convent de la gleia soberdicha, et las covenenzas que en
eissas las cartas sont contengudas aio valor et fermetat per totz
temps et sin gardadas et attendudas et complidas non corrum-
pablement ; et que d'aici enant la gleia de Saing Antoni aja et

prengue lo deime del borders de tot cant laorau en las terras
que la maios del Temple te d'eissa la gleia, lasquals terras so
en las parrochias de Monricols et de Castras et de Mairessi ; et
que atressi aja per totz temps mai d'aici enant lo deime de tot
l'acessament de blat que li Templeir farau de las terras que so
en las parrochias soberdichas, on que l'i fasso ; et quel priors
et coventz pusco l'an, en estiu, tenir un lor messatge a Monri-
cols et en las honors soberdichas per vezer et per comptar la
drechura que lor escaira del deime, pero a la messio d'eis lo
prior et del covent ; et quels priors nil coventz, per negus
grevitz. que faig ajo d'aici en arreire, per failla de las causas
sobredichas, re no queira ni deman a fraire Gaillart ni a la maio
del Temple. E dissero atressi que fraire Guaillart re no querra
ni deman al soberdig prior ni al convent per la mule que
prestec al prior soberdig. — Aquestas causas, en aisi dichas et
retratchas pels soberdigs arbitres autrejero las partidas et las
promeiro a tenir fermas. Lo priors el coventz soberdigs quittero
ad eis fraire Gaillartz a la maio del Temple los dans els grevitz
que i aviu agut car eils e ssiu ancessor nen aviu tengutz sa
enreire los detz pareills de bous que devo tenir en las honors
soberdichas, de que la gleia deu penre et aver lo deime, et fraire
Gaillard quittec et assols, per si et per la maio del Temple, al
prior et al covent la demanda que lor fazia ni far lor podia per
razo de la mula sobredicha ; et lor autorguet et lor promes que
en aissi comma li avant dig arbitre o au dig dessus et diffinit
que el o tengua ferm per totz temps et senes tot contrastz que
ja no i fassa e neguna guia ; et que d'aici enant tengua en las
onors soberdichas los dex pareils de bous ab tot l'appareil-
lement, de que eissa la gleia aja et prengua lo deime aici
coma es contengut en las avant dichas cartas vieillas ; et, se
mai ne tenia, que atressi la gleia n'aja en prengue lo deime.
Et, se per aventura lodigs commandaire en las soberdichas
honors no fazia laorar ab los detz pareils de bous en fazia
laorar en las terras de viro en aquellas, fon accordat que
la avandicha gleia aja et prengua lo deime de la laoransa
d'aquels detz pareils de bous, et que en totas guias los tengo
en las onors soberdichas et en las autras de viro et que eissa la
gleia n'aja en prengue enteirament tot lo deime. Horum omnium

sunt testes Guirbertz lo canorgues, R. Raols, W. Boshom,
Daide de Fontanillas, Gaillard Gozi, Grimal Bec, G. de La Val-
lada, P. de Corsac, P. de la Cassanha, lo capella, B. del Truffe,
fraire R. Correger, fraire W. Maillol, R. de Brocingnac, G.
Faure, R. Coja, P. del Vallat, J. de Saing Circ, B. de Casset, et
Arnaldus de Varario, qui hoc scripsit. Anno Domini M°CC°XL°
VII°, mense februarii, quarto kalendas martii. Factum fuit in
relfectorio majore Sancti Antonini.

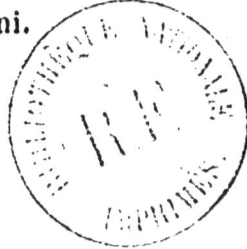

CONCORDANCE

ENTRE L'ORDRE DES PIÈCES DANS LE ROULEAU ET CELUI QUI A ÉTÉ
ADOPTÉ DANS CETTE ÉDITION

~~~

a	XXXIV	26	XIII	55	XVI	81	CVI
b	XXXV	27	XLVII	56	LXXXV	82	CVIII
c	XXXVI	28	LII	57	XCI	82bis	XXXII
d	XXX	29	XLVIII	58	XCVI	82ter	CVII
1	XII	30	LIV	59	XCVIII	83	CV
2	XXXVII	31	XL	60	CXIV	84	LXXVII
3	XXXIII	32	LV	61	LXXXIII	85	C
4	IX	33	LVI	62	LXXXI	86	CX
5	X	34	LXII	63	LXXXVIII	87	CXI
6	XI	35	LIX	64	LXXXIV	88	LXXXVII
7	XIV	36	LX	65	XCVII	89	CI
8	XV	37	LIII	66	XIX	90	XCII
9	XX	38	LXI	66bis	CII	91	CXII
10	XXI	39	L	67	XCIV	92	XVII
11	XVIII	40	XLIX	68	XLI	93	CIII
12	XXVI	41	LXVII	69	LXXXII	94	CIV
13	XXIV	42	LVIII	69bis	LXXVIII	94bis	CIX
14	XXXVIII	43	LXIV	69ter	LXIII	95	IV
15	XXII	44	LXV	70	XXV	96	VII
16	XXIII	45	LXVI	71	LXXIX	97	I
17	XXXI	46	LXVIII	72	LXXXIX	97bis	V
18	XXVIII	47	LXXVI	73	XCV	98	III
19	XXIX	48	LXIX	74	XCIX	99	II
20	XXVII	49	LXXII	75	XCIII	100	VIII
21	XXXIX	50	LXX	76	XC	101	VI
22	XLII	51	LXXIII	77	LXXX	102	LVII
23	XLIII	52	LXXIV	78	LI	103	CXIII
24	XLIV	53	LXXV	79	XLVI	104	CXV
25	XLV	54	LXXI	80	LXXXVI		

———

TABLE ALPHABÉTIQUE

Arnal, Arnaut (Bernat), 16, 36,
37, 38, 48, 52, 53, 55, 58, 59,
65, 66, 74, 76, 77, 80, 81, 83,
86, 89, 92, 93, 102, 109.
— (G.), 81.
— (P.), 30, 53, 55, 56, 58, 63, 72.
— (Raimundus), 4, 6.
— (S.), templier, 88, 93, 95.
Arnauda, 56.
Artalloneil, près des Albis, 1.
Artus (Petrus) scripsit, 19.
Arzac, com. de Cahuzac (R. d'),
102.
Ato At (Bernat), 4, 16, 39, 52, 85,
90 à 92.
— (Bernat) de Castelnou, 26,
88, 91, 92, 101, 102.
— (Bernat) de Gradina, Gran-
dina, Grahinna, 19, 20, 38, 47,
48, 53, 99, 100.
— (Bernat) de Monteilz, 88.
— (Pouzo), chanoine de Saint-
Antonin, 44, 89, 92, 93.
— (P.) de Rocomaura, 88.
— (Ram.), 36, 67, 88, 92, 103.
— (W.), templier, 3, 4, 40, 73,
81, 82.
— (W. Ato), 29.
— (...), 25.
Audeger, Audeguer, Audegueir,
5 à 7, 20, 37 à 39, 47, 48, 52,
63, 72, 76, 79, 81, 91.
— templier, 14, 58.
— (Ameil), 2, 3, 5, 16, 32, 71, 92,
93.
— (P.-W.), 16.
Audiard, Audiart, 12, 13, 20, 21.
— (autre), 83.
— (autre), 80.
— (autre), 69.
— (autre), 92.
Audis (G.), 91.
Aurillac (abbaye d'). — Voy. Pe-
trus.
Auriola, L'Auriol, sur la rive
droite de l'Aveyron, près des
Albis, 2 à 4, 14, 20 à 22, 38,
39, 57, 58, 70, 71, 93.
— ruisseau, affluent de l'Avey-
ron, rive droite, 50, 51.
— (Ameil d'), 2.
— (Bernardus d'), 4.
Auriola (Bernatz-Ademars d'), 2.
Aurlhac, Aurliac, Aurillac, ab-
baye, voy. Petrus.
Austorga, 54.
Autguer, Autger, Audeguer, 8,

20, 21, 26, 37, 39, 47, 48, 52,
54, 58, 59, 63, 65, 71, 76, 77,
81, 83, 91.
Auti (Guiral d'), 28, 29. — Auty,
canton de Molières, arr. de
Montauban.
Autmont (G. d'), 32. — Almond,
ancien château à l'O. de Réal-
ville, canton de Caussade
(Moulenq, II, table).
Avairo, Aveyron, rivière, 6, 9,
11, 16, 18, 20, 23, 26, 27, 30,
39, 45, 50, 53, 59, 64, 67, 68,
74, 75.

B

B., 98.
— (P.), 1.
— (P. et S.), 73.
Bada (Guiral), commandeur de
Vaour, 26.
— (G.), templier, 98.
Baco (G.), 103.
Balbairac, Balbaraig, près de
Tréban (?), 62, 102.
Barriac, en aval de Saint-Anto-
nin (Cassini), 46.
Barta (La), Labarthe-Bleys, can-
ton de Cordes, arr. de Gaillac
ou com. de Saint-Beauzile,
canton de Montmiral, 30, 99,
100.
Batut (P. del), 76.
Baudis (Pous, Pouso), 20 à 23,
26, 52, 53, 57, 99, 100.
— (Ram.), 64, 81, 82.
Beatritz, Biatrix, 14, 26. — (au-
tre), 33, 34, 98.
Beaulieu, voy. Belloc.
Beauvais (concile de), 6.
Bec, 87.
— (Daide), 96.
— (Grimal), 112.
Bego, chapelain de Penne, 7, 16,
21, 23, 26.
— (Ram.), 22, 24, 32, scripsit
28.
Belfort, Bellfort, canton de Lal-
benque, arr. de Cahors (Lot),
(Ameil de), camérier du cha-
pitre de Saint-Antonin, 108 à
110.
Belfort (Bernat de), templier, 75.
— (Pous de), 34.

*

***

ERRATA

P. 2, ligne 12 *au lieu de* Hugues, *lire* P. Hugues.

P. 4, l. 12 — habitataros, *lire* habitatores.

P. 6, l. 2 et 8 -- G. W. de Pena, *lire* P. W. de Penna.

P. 10, l. 25 — faig, *lire* faigz.

— l. 29 — LXX°III°, *lire* LXX°IIII°.

P. 14, l. 11 — Vc Salamos, *lire* Uc Salamos.

P. 16, l. 26 — Bosc de Murel, *lire* bósc de Murel.

P. 18, l. 3 — La Roque, *lire* Larroque.

— l. 4 — commandeur, *lire* maitre.

— l. 15 — af far, *lire* a ffar.

P. 22, l. 21 — Jérusalem, *lire* Jerusalem.

P. 23, l. 15 — D'atzo, *lire* D'aizo.

P. 24, l. 17 — mense agrilis, *lire* mense aprilis.

P. 29, l. 10 et 11 — Guill. de Salvana, *lire* Guill. de Salvanac.

P. 30, fin — mas del Verdier, *lire* mas del Verdeir.

P. 31, l. 2 — e tota, *lire* et en tota.

— l. 28 — P. del Vellat, *lire* P. del Vallat.

— l. 31 — R. de Malafalqueira, *lire* R. de Malafalgueira.

P. 32, l. 1 — Alexandro IIII°, *lire* Alexandro III°

— l. 8 — aquels, *lire* aquellz.

— l. 19 — Armand Raimond, *lire* Anaud Raimond.

P. 39, l. 24 — la maio de lor del Vallat *lire* la maio de lor del vallat.

P. 51, l. 9 — el moli de Delugarn, *lire* el moli de Lugarn.

— l. 12 — a Martinquer, *lire* a Matinguer.

P. 54, l. 24 — Gancelme, *lire* Gaucelme.

P. 55, l. 27 — G. dels Fanguetz, *lire* G. dels Fanguels.

P. 56, l. 16 — Il Fraire, *lire* Il fraire.

— l. 19 — Pons Uc, *lire* Pous Uc.

P. 57, l. 6 — én tota l'abadia, *lire* en tota l'abadia.

P. 60, l. 31 — *Perairol*, *lire* Pérayrols.

P. 62, l. 1 — Bernand G., *lire* Bernard G.

P. 65, l. 16 — poig Marcel, *lire* Poig Marcel.

P. 69, l. 31 — Bernard-Uc, *lire* Bernard-Huc.

P. 73, l. 20 — in domo de la Cavallaria, *lire* in domo de la cavallaria.

P. 82, l. 19 *au lieu de* Gramaius, *lire* (?) Gramavis.

P. 90, l. 3 et 4 —   W. de Vallat, *lire* W. del Vallat.

P. 93, l. 33   —   (83ter), lire (82ter).

P. 95, l. 24 et 25 —   Gaillartz des Poig et As des Poig, *lire* Gail-
                          lartz del Poig et As del Poig.

P. 97, l. 12   —   notificetur cunctis quum, *lire* notificetur
                          cunctis quoniam.

P. 100, l. 1   —   En Pons Bandi, *lire* Eu Pons Baudi.

P. 103, l. 26   —   Mouzon, *lire* Monzon.

P. 118,   *Au mot Cahors, ajouter* 90.

P. 124,   —   P. Peiro, *ajouter* commandeur de Vaour, 85.

P. 127,   —   Saint-Peire, *supprimer* Peut-être *et ajouter* (prio-
                          ratus sancti Petri de Campniers alias de Mor-
                          danha, 1437. — Archives du Tarn. Fonds Fava-
                          rel n° 122, f° 53. *Reg. de notaire*).

TABLE GÉNÉRALE

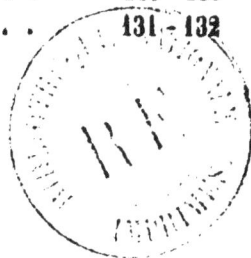

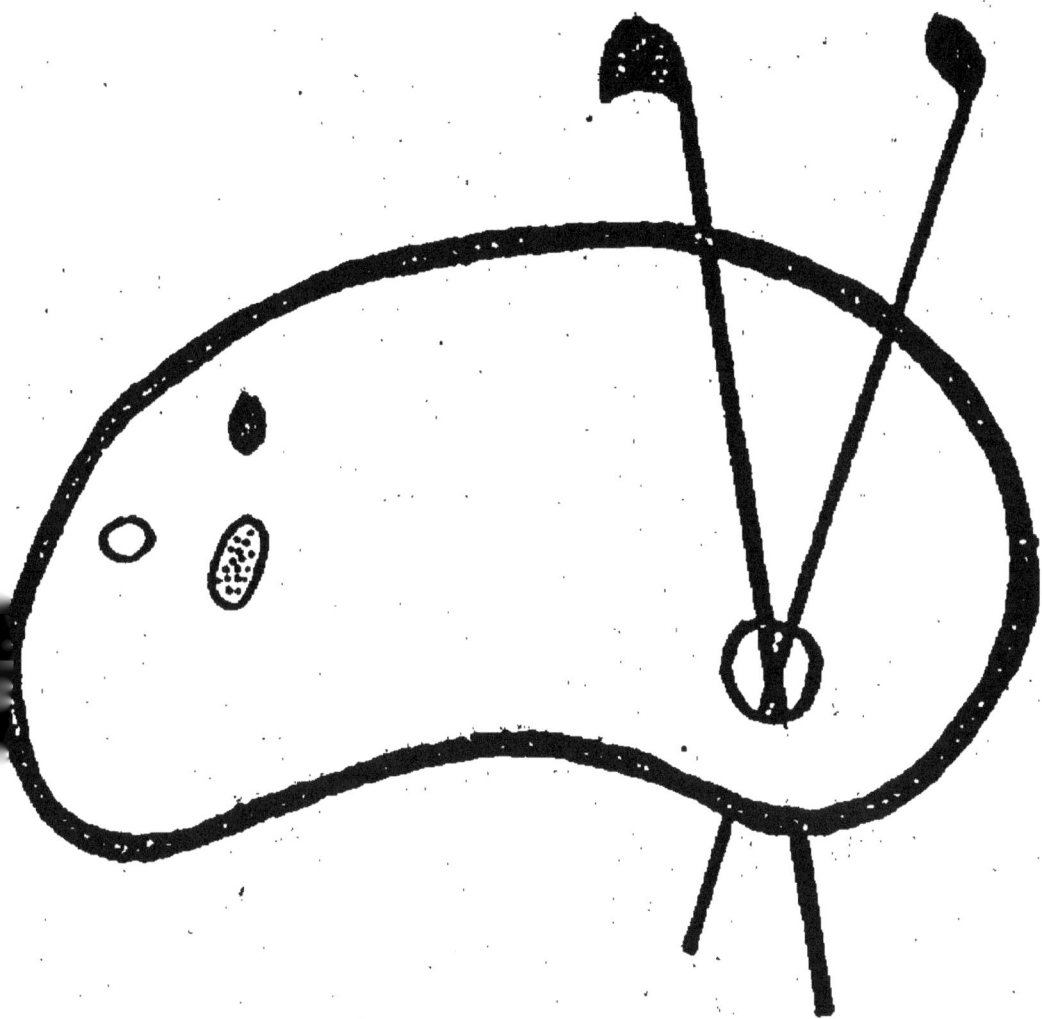

ORIGINAL EN COULEUR
NF Z 43-120-8

www.ingramcontent.com/pod-product-compliance
Lightning Source LLC
Chambersburg PA
CBHW052057090426
42739CB00010B/2216